왜
카이사르는
루비콘 강을
건넜을까?

교과서 속 역사 이야기, 법정에 서다

13
역사공화국
세계사법정

왜 브루투스 vs 카이사르

카이사르는
루비콘 강을
건넜을까?

글 박재영 | 그림 강승훈

㈜자음과모음

독일의 저명한 역사가 몸젠(Christian Matthias Theodor Mommsen, 1817~1903)은 카이사르(Gaius Julius Caesar, B.C.100~B.C.44)를 로마 역사상 가장 위대한 인물로 평가하고 있습니다. 뿐만 아니라 영국의 정치가 윈스턴 처칠의 다음과 같은 말은 서양사에 있어서 카이사르의 업적이 어떤 의미를 가지고 있는가를 잘 나타내 주고 있습니다.

"영국의 역사는 카이사르가 도버에 상륙하는 순간 시작되었다. 독일의 역사는 카이사르가 라인 강을 건너는 순간 시작되었다. 프랑스의 역사는 카이사르가 알레시아를 함락시키는 순간 시작되었다."

그러나 다른 한편 카이사르는 로마 공화정을 파괴한 독재자라는 비판을 받고 있기도 합니다. 브루투스와 카시우스 등 로마 원로원의 공화파가 카이사르를 암살한 이유도 거기에 있는 것이며, 오늘날에도 카이사르에 대한 역사가들의 평가는 극단적인 대조를 보이고 있습니다. 하지만 대부분의 학자들도 로마의 역사가 카이사르를 중심으로 공화정과 제정으로 나뉜다는 것에는 동의하고 있으며, 그러한 구분은 카이사르가 루비콘 강에서 "주사위는 던져졌다"라는 말을 남기며 로마로 진군하면서 시작되었습니다.

이 책은 카이사르를 암살한 브루투스가 후대의 평가를 못마땅해하며 카이사르를 역사공화국 법정에 세우는 것으로 시작합니다. 원고 브루투스와 피고 카이사르가 각기 다른 의견을 펼치며 공화정에서 제정으로 넘어가는 고대 로마의 중요한 순간을 증언하지요. 여러분은 승자와 패자의 생생한 증언을 통해 역사적 사실을 보다 상세히 파악할 수 있을 것입니다.

포에니 전쟁 이후 공화국 로마의 위기는 어디에서 비롯되었을까요? 그라쿠스 형제의 개혁은 왜 실패했을까요? 또한 공화정에서 제정으로 넘어가는 시기에 로마의 첫 황제인 옥타비아누스는 어떤 업적을 세웠을까요? 이러한 궁금증들을 풀어 가면서 여러분은 인간과 역사에 대한 통찰력을 키울 수 있을 것입니다.

박재영

로마는 이탈리아 반도를 통일한 다음 카르타고와의 포에니 전쟁에서 승리하였다. 이후 로마는 정복 전쟁을 계속하여 기원전 2세기 말에는 모든 지중해 세계를 지배하게 되었다. 기원전 1세기 무렵 카이사르가 갈리아 지방을 정복하고 세력을 키워 로마의 권력을 잡게 된다. 강력한 독재 정치를 펼친 카이사르는 반대파들의 견제를 받는요. 그리고 공화정의 위기로 생각한 반대파들은 카이사르를 살해하고 만다.

중학교	역사	VII. 통일 제국의 등장

VII. 통일 제국의 등장
4. 지중해 세계의 형성과 크리스트교의 성립
  (3) 지중해를 지배한 로마 제국

카이사르의 뒤를 이은 옥타비아누스는 사실상 황제가 되어 로마를 다스렸다. 옥타비아누스가 양아버지인 카이사르에게 물려받은 '카이사르'라는 성도 황제를 상징하는 말로 사용되었다. 이후 러시아에서 황제를 '차르', 독일에서 '카이저'라고 한 것도 모두 여기서 유래하였다.

기원전 1세기에 로마는 갈리아, 이집트 등 해
외로 팽창을 거듭하였다. 하지만 내부적으로
는 문제가 많았다. 내전이 일어났고, 동맹국들
이 일으킨 전쟁인 동맹국 전쟁과 스파르타쿠
스라는 노예가 일으킨 반란으로 혼란에 빠졌
다. 이 혼란 속에서 폼페이우스, 크라수스, 카
이사르가 손을 잡고 삼두 정치를 행했다.

로마의 삼두 정치는 얼마 지나지 않아
깨어지고 카이사르가 독재 정치를 하
게 된다. 하지만 카이사르는 원로원
회의장에서 공화정파 귀족들에게 암
살당하고 만다.

기원전

700년경 중국, 춘추 시대 시작

525년 페르시아, 오리엔트 통일

509년 라틴족, 에트루리아
왕을 몰아내고 로마 건국

431년 그리스와 스파르타의
'펠로폰네소스 전쟁'

334년 알렉산드로스 대왕의 동방 원정

264년 로마와 카르타고의 '포에니 전쟁' 발발

221년 중국, 진(秦)의 통일

133년 로마, 티베리우스 그라쿠스가
농지법 제안

100년 로마, 카이사르 탄생

44년 로마, 브루투스가 카이사르 암살

27년 로마, 옥타비아누스에 의한
제정 시대 개막

기원후

96년 로마, 5현제 시대 시작

● **5현제**
네르바(재위 96~98)
트라야누스(재위 98~117)
하드리아누스(재위 117~138)
안토니누스 피우스(재위 138~161)
마르쿠스 아우렐리우스(재위 161~180)

기원전

2333년   고조선 건국

400년경   철기 문화의 발전

300년경   철기 문화 시작
연나라, 고조선 침입

200년경   삼한 시대 시작

194년   위만 왕조 성립

109년   한 무제, 고조선 침략

108년   고조선 멸망, 한 4군 설치

기원후

53년   고구려, 태조왕 즉위

원고 브루투스 Brutus(B.C. 85년~B.C. 42년)

나는 로마 공화정 창시자의 후손인 브루투스! 카이사르를 암살해 그의 독재로부터 로마를 지켜내려고 했지요. 그런데 왜 다들 카이사르만 영웅으로 떠받드는 거죠? 로마 공화정을 수호한 내 뜻은 왜 아무도 몰라 주냐고요.

원고 측 변호사 김딴지

안녕! 딴죽 걸기의 명수 김딴지 변호사야. 나는 사람들에게 알려진 역사가 모두 진실이라고 생각하지 않아. 역사 속 패자들의 입장도 살펴볼 필요가 있다고 주장하지. 나는 정말로 패기 넘치는 변호사란다.

원고 측 증인 폼페이우스

한때 카이사르와 함께 '1차 삼두정치'를 이끌며 로마를 쥐락펴락했던 장군입니다. 당시 로마에서 '전쟁'하면 나, 폼페이우스였지! 하지만 카이사르에 맞서다 비참한 최후를 맞이하고 말았습니다.

원고 측 증인 **카토**

로마 공화정의 열렬한 수호자로, 카이사르의 독재에 반발하다 결국 스스로 목숨을 끊었다오. 하지만 다행히도 후대인의 칭송을 받았소.

원고 측 증인 **키케로**

고대 로마에서 나 같은 팔방미인도 드물었지요. 정치, 철학, 문학 등 다재다능했으니까. 난 카이사르의 독재를 비판했다가 결국 안토니우스 부하의 손에 암살당했어요.

판사 **정역사**

역사공화국에서 공명정대하기로 유명한 판사 정역사요. 내가 할 일은 오직 역사의 진실을 밝히고, 억울함을 풀어 주는 것이오. 공정한 판결을 내리기 위해 최선을 다하겠소.

피고 카이사르 Caesar(B.C. 100년~B.C. 44년)

나는 로마 공화정 말기 최고 권력자로, 황제에 버금가는 권력을 누렸소. 그래서 항상 다른 귀족의 견제를 받았지. 특히 내가 무장한 채 루비콘 강을 건넜을 땐 스스로 왕이 되려 한다는 엄청난 공격을 받았소. 그러다 결국 믿었던 브루투스의 손에 죽고 말았지.

피고 측 변호사 이대로

나는 역사공화국의 이름난 변호사 이대로라고 해. 기존의 역사적 평가는 다 이유가 있다는 확신을 가지고 있지. 역사적 진실은 쉽게 변하는 것이 아니니까.

피고 측 증인 가이우스 그라쿠스

로마 공화정이 흔들리던 당시, 형이었던 티베리우스와 함께 농민을 위한 개혁을 시도했지요. 하지만 원로원 귀족의 반대로 모든 계획이 수포로 돌아갔어요.

피고 측 증인 안토니우스

나처럼 파란만장한 인생을 산 사람도 드물 걸요? 나는 카이사르의 열렬한 지지자였어요. 하지만 그가 암살당한 뒤, 옥타비아누스와 그의 후계자 자리를 놓고 경쟁하다 밀려났고, 결국 이집트에서 자결했답니다.

피고 측 증인 클레오파트라

나는 그 유명한 이집트의 여왕, 클레오파트라! 카이사르와 안토니우스의 사랑을 한 몸에 받았지요. 그런데 안토니우스가 옥타비아누스에 패배해 자결하자, 나도 곧 그의 뒤를 따랐답니다.

피고 측 증인 옥타비아누스

로마에서 처음으로 황제가 된 인물로, '아우구스투스'라고도 불린답니다. 카이사르가 죽고 안토니우스를 제거한 뒤 로마의 황제로 등극하며 로마 제국의 새 문을 열었지요.

"나, 브루투스는 암살자가 아니오"

내 이름은 브루투스! 위대한 공화국 로마의 수호자이며, 독재자 카이사르를 제거하고 로마를 구원한 원로원 공화파의 선두주자!

그런 나에게 요즘 좋지 않은 소식들이 들리기 시작했어요. 지상 세계의 사람들이 나에 대해 이러쿵저러쿵 말들이 많다는 것이지요. 무슨 말이냐고요?

"브루투스는 원래 유약하고 비겁한 인간이야."

"브루투스? 아, 키프로스에서 고리대금으로 부자가 된 사람!"

"카이사르가 왜 브루투스를 살려줬겠어? 카이사르와 브루투스의 어머니인 세르빌리아가 연인이었다고 하던데, 다 자기 엄마 덕이지, 뭐."

"카이사르가 브루투스를 얼마나 아꼈는데, 그런 카이사르를 브루투스가 죽이다니……."

"그는 카이사르가 베푼 관용을 배신으로 갚은 인간이야."

왜 이렇게 귀가 가려운가 했더니, 다 이유가 있었던 것이지요.

더구나 아시아의 어느 여류 작가는 자신의 책에서 독재자 카이사르를 마치 로마사에서 가장 위대한 인물이었던 것처럼 묘사하면서 나는 꿈만 크고 어설픈 공화주의자로 매도하고 있더군요! 시대가 공화정에서 제정으로 넘어가는 줄도 모르고 한심하게 공화정만 주장했다나 뭐라나!

나, 마르쿠스 유니우스 브루투스는 루키우스 유니우스 브루투스의 자손임을 늘 자랑스럽게 생각해 왔어요. 그분이 누구냐고요? 바로 일찍이 로마에서 왕을 몰아내고 공화정을 세운 로마 공화정의 영웅이지요. 왕 한 사람이 나라를 통치하는 것보다는 여러 사람이 돌아가며 나랏일을 보는 게 더 낫지 않겠어요? 그러니 왕이 되려는 카이사르를 죽이고 로마의 공화정을 지키는 일은 나의 임무이자 나라를 위한 일이기도 했지요.

카이사르가 암살되기 2년 전, 내가 그의 지지자들과의 전투에서 지지만 않았어도 감히 누구도 나를 암살자라 비난하지 못했을 텐데 말이에요. 참으로 억울한 일이지요. 역사는 승자의 기록이라고는 하지만 이건 정말 너무해! 도저히 참을 수가 없어! 카이사르를 세계사 법정에 세워서 내 잃어버린 명예를 다시 찾아야겠어요.

그런데, 그러려면 일단 변호사부터 찾아야 하는데…….

아! 전에 공화주의자인 내 친구 키케로가 소개해 준 김딴지 변호사가 좋겠군요. 딴죽 걸기의 명수라고 하던데, 키케로가 추천할 정도라면 한번 믿어 봐도 되겠지요? 그리고 나를 위해 증인이 되어 줄 사람들은 많단 말씀! 먼저 카이사르와 견주어도 전혀 손색이 없는 정치가이자 군인이었던 폼페이우스가 있고, 또 로마 공화정 시대의 위대한 변론가 키케로와 카토가 있으니 재판에서 이기는 건 당연하다고요.

후후, 기둘려라, 카이사르! 브루투스가 나가신다.

왜 카이사르는 루비콘 강을 건넜을까?

로마의 지배자, 카이사르

기원전 100년 로마에서 태어난 카이사르의 이름을 영어로는 '시저'라고 읽어요. 유서 깊은 귀족 집안에서 카이사르가 태어날 당시 로마는 점점 혼란스러워지고 있었지요. 전쟁의 승리로 인해 땅도 넓어지고 발전도 눈부시게 했지만, 노예나 농민들은 살기가 더 힘들어졌기 때문입니다. 물론 로마를 바로잡기 위해 개혁을 하려는 그라쿠스 형제들 같은 인물도 있었지만 말이에요.

그러던 기원전 73년 노예 검투사였던 스파르타쿠스는 동료 노예들과 함께 수용소를 탈출했어요. 반란을 일으킨 스파르타쿠스와 뜻을 같이 하는 노예들은 점점 늘어나 그 수가 12만 명에 이르게 되었지요. 이에 로마의 원로원은 크라수스와 폼페이우스를 지휘관으로 하여 반란군을 진압하도록 하였습니다. 조직력이 탄탄한 로마군 앞에 스파르타쿠스의 반란군은 무너지고 말지요.

이후 폼페이우스, 크라수스와 함께 카이사르는 정권을 잡게 되는데 이를 '3두 정치'라고 부른답니다. 카이사르는 여러 법안을 제출하여 민중에게 큰 인기를 끌었지요. 여기에 이어 기원전 58년부터는 갈리아(지금의 프랑스 지역)의 지방장관이 되어 갈리아전쟁에서 큰 성과를 거두지요. 이러한 카이사르의 승승장구에 원로원을 비롯한 반대파들은 큰 위협을 느끼지요. 하지만 카이사르는 이들의 방해와 반대도 이겨내고 1인 지배자가 된답니다.

　카이사르는 달력을 새롭게 만들고, 도로를 건설하는 등 개혁 사업을 벌여요. 그러나 권력이 그에게 집중된 결과 왕위를 탐내는 것으로 의심받게 되지요. 결국 브루투스와 카시우스 롱기누스를 주축으로 하는 반대파에 의해 원로원 회의장에서 칼에 찔려 죽고 맙니다. 로마에서 태어나 로마를 위해 살던 카이사르는 56세의 나이에 로마에서 숨을 거두고 말지요.

카이사르의 병사들

원고	브루투스	대리인	김딴지 변호사
피고	카이사르	대리인	이대로 변호사

청구 내용

나 브루투스는 위대한 로마 공화정 창시자의 후손으로, 로마의 공화정을 위협하고 독재자가 되려 했던 카이사르에게 다음과 같은 죄를 물으며 명예훼손으로 인한 정신적 피해보상을 청구합니다.

첫째, 피고 카이사르는 갈리아 원정을 끝내고 무장을 한 채 루비콘강을 건너 로마로 진격했습니다. 당시 무기를 버리지 않은 채 루비콘강을 건너 로마 본토로 들어가는 것은 국가반란죄에 해당하는 것이었죠. 이로써 피고 카이사르는 로마를 혼란 상태에 빠지게 했습니다.

둘째, 피고 카이사르는 스스로 목숨이 다할 때까지 집정관으로 있으면서 독재 정치를 실시했습니다. 이는 로마의 공화정 체제를 위협하여 로마의 정치적 발전을 가로막은 것입니다.

셋째, 피고 카이사르가 국가 권력을 장악하고 스스로 왕이 되려고 함으로써 원로원과 민회는 이전의 역할을 잃게 되었습니다. 피고는 로마의 공화정을 지탱하던 원로원 의원을 모독하고 나, 브루투스의 인격을 심각하게 깎아내렸습니다.

그런데도 후대의 역사가들은 카이사르를 로마 역사상 가장 위대한 인물로 평가하고 있으니 어처구니 없는 일이지요. 게다가 자라나는 학

생들에게 로마 공화정의 몰락이 역사의 흐름이었다는 식으로 말하고 있으니 더욱 참을 수가 없습니다.

따라서 나는 카이사르를 역사공화국 세계사법정에 고소함으로써, 피고 카이사르의 지배욕을 낱낱이 드러내고 로마 공화정이 얼마나 합리적이고 성공적인 체제였는지를 밝히고자 합니다.

입증 자료

- 중학교 역사 교과서
- 고등학교 세계사 교과서
  그 외 자료 추후 제출하겠음.

위 청구인 브루투스
역사공화국 세계사법정 귀중

로마 공화정의 동요

1. 로마 공화정은 어떻게 만들어졌을까?
2. 그라쿠스 형제의 개혁은 왜 실패했을까?
3. 카이사르는 어떻게 힘을 키웠을까?

교과연계

역사
VII. 통일 제국의 등장
　4. 지중해 세계의 형성과 크리스트교의 성립
　　(3) 지중해를 지배한 로마 제국

1

로마 공화정은
어떻게 만들어졌을까?

카이사르와 브루투스의 재판이 열린다는 소문이 돌자 역사공화국 세계사법정은 카이사르를 보기 위해 찾아 온 사람들로 발 디딜 틈이 없었다. 방청석이 부족하자 사람들은 의자를 가지고 오기도 하고, 심지어는 통로에 신문지를 깔고 앉으며 북새통을 이뤘다.

"와, 대단하군. 카이사르의 명성은 죽어서도 여전하네."

"그야, 당연하지! 나는 카이사르의 병사로 갈리아 전쟁에 참여했거든? 그때 로마가 치르는 전쟁마다 승리한 것은 모두 카이사르의 천재적인 전술 덕분이었지. 나는 전쟁터가 내 무덤이 될 줄 알았는데, 무사히 살아 돌아왔다고!"

"쳇, 공화국 로마의 반역자 카이사르의 병사였군. 나는 카이사르를 암살한 공화주의자 브루투스의 사돈의 팔촌 되는 사람이오. 훗,

　나는 브루투스가 카이사르를 암살한 것이 공화정을 지키기 위한 숭고한 거사라고 생각하오."

　"아니, 뭐라고? 가재는 게 편이라더니 역시 별 수 없구먼? 카이사르와 우리 병사들은 무려 8년 동안이나 죽을 고생을 하면서 갈리아를 정복하여 로마의 영토를 넓혔는데, 무능한 원로원은 카이사르를 제거할 음모만 꾸미고 있었다고! 오히려 제거해야 할 대상은 능력도 비전도 없이 카이사르의 위대한 업적을 질투한 원로원의 공화파 의원들이란 말이야. 카이사르한테 밀려날까 무서웠나 보지? 흥!"

"뭐? 원로원이 무능해? 로마의 기라성 같은 정치가들이 모여 있는 원로원을 그런 식으로 모독하다니, 도저히 참을 수 없다!"

브루투스의 사돈의 팔촌은 전직 카이사르 병사의 멱살을 잡고 금방이라도 주먹을 날릴 기세로 덤벼들었다.

"아니, 이 사람들이 신성한 법정에서 왜 이래? 곧 재판이 시작될 테니 싸우지들 말라고."

이때, 이번 재판의 주인공인 브루투스와 카이사르가 변호사와 함께 입장하기 시작했다. 브루투스와 카이사르는 서로 눈인사조차 나누지 않았다. 카이사르는 브루투스의 손에 죽어 이렇게 역사공화국의 영혼이 된 게 아직도 분한 눈치였다. 둘 사이의 긴장감이 어찌나 팽팽한지 소란스럽던 방청객들도 모두 숨을 죽였다. 이윽고 판사가 재판의 시작을 알렸다.

판사 모두 자리에 앉아 주시기 바랍니다. 원고 브루투스가 피고 카이사르를 상대로 제기한 본 재판을 이제 시작하겠습니다. 먼저 이번 소송을 청구한 원고 측 변호사의 청구 이유를 듣도록 하겠습니다. 원고 측 변호사, 앞으로 나와 진술하세요.

김딴지 변호사 존경하는 판사님, 그리고 배심원 여러분! 원고 브루투스가 피고 카이사르를 고소한 이유는 간단합니다. 그동안 브루투스는 카이사르를 죽인 암살자라고 비난만 받아 왔습니다. 세상 사람들은 왜 브루투스가 로마의 독재자 카이사르를 죽일 수밖에 없었는지에 대해서는 궁금해하지도 않습니다. 그래서 브루투스는 이번 재판을 통해 사람들이 카이사르에 대해 잘못 알고 있는 사실들을 낱낱이 밝히겠다고 합니다. 이로써 피고 카이사르의 정치적 야심이 로마의 공화정을 어떻게 파괴하였으며, 또한 어떻게 나라를 혼란 상태로 몰고 갔는지 이 기회에 확실히 알리고자 합니다.

브루투스　제가 한마디만 덧붙여도 될까요?

판사　네, 말씀하세요.

브루투스　세상 사람들은 나를 카이사르의 암살자라고만 알고 있지, 내가 공화정의 숭고한 뜻을 지키기 위해 얼마나 노력했는지에 대해서는 잘 모르고 있습니다. 내가 카이사르를 죽이면서까지 지켜내려 했던 공화정은 무너졌고, 결국 우리 로마는 황제 한 사람이 나라를 다스리는 제정으로 넘어가 버렸습니다.

　하지만 이후 악명 높았던 칼리굴라, 네로, 코모두스 같은 황제를 보십시오! 통치자로서의 자격이 부족한 황제가 로마를 다스릴 경우, 나라가 얼마나 위태로워질 수 있는지를 이들이 확실히 보여주고 있습니다. 나는 이번 재판을 통해 로마 공화정의 진가가 제대로 평가되고 공화정을 파괴한 카이사르의 죄가 낱낱이 밝혀지기를 바랍니다.

　브루투스가 단호한 자세로 소송의 이유를 당당하게 설명하자, 방청석 한 쪽에서는 야유가 터졌고 다른 한 쪽에서는 응원의 박수가 쏟아졌다.

판사　잘 들었습니다. 그렇다면 이번 재판의 이해를 돕기 위해 원고 브루투스는 간략히 자기소개를 해주기 바랍니다.

브루투스　　네, 그러지요. 나는 로마 공화국 창건자의 후손입니다. 무엇보다 이 점을 늘 자랑스럽게 생각하고 있습니다.

　나는 기원전 85년에 태어났습니다. 참고로 내가 암살한 카이사르와는 열다섯 살 차이가 납니다. 여덟 살 때 아버지가 돌아가시고 어머니 세르빌리아의 권유에 따라 아테네와 로도스 섬 등 그리스 여러 지역을 돌아다니며 견문을 넓혔지요. 그 후 외삼촌의 권유로 정치 활동을 시작하게 되었습니다. 젊은 시절에는 고리대금업으로 큰 재물을 모았는데 이 일로 비난을 받기도 했습니다만, 뭐, 상관하지 않습니다.

　어쨌든 이후에 나는 우리 가문의 전통을 따라 원로원에서 공화파의 한 사람으로 활동했답니다. 하지만 독재자 카이사르가 강한 군사적 기반을 바탕으로 세력을 점점 키워 로마의 공화정을 위협하자, 결국 그를 제거하기로 결단을 내렸고 실행에 옮겼지요.

　"브루투스! 이 살인자! 카이사르가 브루투스를 얼마나 믿었는데!"
　순간, 방청석에서 카이사르를 지지하는 사람들이 야유를 보내며 거칠게 반응했고 김딴지 변호사가 황급히 말을 받았다.

김딴지 변호사　　자, 그래서 카이사르가 암살된 후, 원고는 어떻게 되었나요?

브루투스   흠흠. 다음날 나는 로마 시민 앞에서 공화정을 지키기 위해서는 카이사르를 암살할 수밖에 없었다는 것을 밝히며, 로마의 공화정을 수호하자는 내용으로 힘차게 웅변했지요. 하지만 당시 로마인들은 나의 말을 귀담아 듣지 않고 오히려 화를 내더군요. 그래서 어쩔 수 없이 나는 로마를 떠날 수밖에 없었습니다.

김딴지 변호사   그리고 얼마 지나지 않아 원고도 이내 목숨을 잃은 것으로 압니다. 어떤 이유인가요?

브루투스   암살 이후 그리스에 있던 나는 기원전 42년, 카이사르의 지지자들과 전투를 벌이게 되었고 아깝게 패했기 때문에 스스로 목숨을 끊고 말았어요. 그렇게 나는 역사의 한 귀퉁이로 사라졌지요. 아직도 그 모든 기억이 어제 일처럼 생생한데 벌써 2천 년도 더 지난 일이라니. 아직도 원통한 마음뿐입니다. 나는 로마의 독재자를 제거하려 했을 뿐인데 사람들은 그것도 몰라주고…….

이대로 변호사   재판장님! 원고의 자기소개가 너무 길군요. 피고에게도 자기소개를 할 기회를 주십시오.

판사   이대로 변호사도 성격 급한 건 알아줘야 겠군요. 피고 카이사르는 자기소개를 해주시지요.

　카이사르가 헛기침을 한 번 하며 냉수를 들이켰다. 과연 한때 로마를 호령하던 최고 권력자답게 카이사르의 태도와 표정에는 위엄이 넘쳐흘렀다.

이 아이는 우리 조상의 뜻을 이어받아 장차 로마 공화정의 수호자가 될 거란 말씀!

암 요, 암 요.

아버지도 돌아가시고, 흑흑…. 브루투스야, 너는 그리스 전역을 여행하며 세상을 넓게 배워라. 흑흑.

로마에 왕이란 없어! 공화정을 지키고 말테야!

브… 브루투스 너마저…!!!

독재자는 사라져 주시오!

에, 그러니까, 우리 로마는 이제 독재자가 없는 공화정으로….

로마의 영웅을 죽이다니! 흑흑. 물러가라 브루투스!

카이사르　흠흠, 내 이름을 모르는 사람은 없으리라 생각하오. 나는 로마가 배출한 걸출한 영웅으로 로마 공화정 말기에 최고의 통치 권력을 누렸지. 비록 저기 앉아있는 <u>배은망덕</u>한 브루투스의 손에 어처구니 없게 죽기는 했지만…… 흠.

대 나는 기원전 100년, 명문가의 외아들로 태어났소. 당시 나는 세계 최초로 어머니의 배를 가르는 수술로 태어났다오. 후대의 사람들은 이렇게 아기를 낳는 법을 두고 '제왕절개'라고 하더군.

이대로 변호사　피고, 자기소개를 하다 말고 뜬금없이 '제왕절개'라니요?

카이사르　어허, 다 필요해서 하는 말이니 들어 보시오. 왜 이런 이름이 붙었는지 누구 아는 사람이 있으시오? 그게 왠고 하니 생전에 제왕과 같은 삶을 살았던 내가 그렇게 태어났기 때문에 배를 갈라 아기를 낳는 법을 '제왕절개'라 부르기로 했다더군. 이쯤 되면 내가 얼마나 유명했는지 짐작들 하시겠소? 허허.

김딴지 변호사　이의 있습니다, 재판장님! 피고는 자기 권력을 뽐내느라 질문과는 맞지 않는 말을 늘어놓고 있습니다!

카이사르　왜 이러시오? 변호사 양반. 이곳이 로마였으면 감히 내 앞에서 찍 소리도 못했을 텐데 세상 참 좋아졌구려. 아무튼 나는 서른한 살의 나이에 재무관이 되었고 똑똑한 두뇌와 안목으로 정치계에서 승승장구했소. 로마는 어느 한 사람이 통치하는 나라가 아니었음에도 불구하고 나만큼은 절대적 권력자로 성장했던 것이오.

배은망덕
남에게서 은혜를 입고서 이를 갚기는커녕, 배신을 한다는 뜻입니다.

재판 첫째 날 | 로마 공화정의 동요　　● 33

이대로 변호사   피고의 명성은 정말 대단했었군요.

카이사르   이것뿐이 아니오. 나는 현재 프랑스 땅인 갈리아 지역의 사령관으로 원정을 나가 빛나는 공을 세우기도 했었소. 하지만 로마의 귀족들은 이런 내게 고마워하기는커녕, 오히려 등을 돌리더이다. 그건 나날이 높아져 가는 내 인기와 권력을 두려워했던 것이 아니겠소? 결국 기원전 44년, 나는 원로원 귀족 일당에 의해 살해당하고 말았다오. 저놈 브루투스만 아니었어도!

이대로 변호사   자, 피고. 원통하겠지만 진정하세요.

카이사르   자세한 내막은 우리 이대로 변호사가 재판 과정을 통해 상세히 다루어 주리라 기대합니다.

판사   네, 알겠습니다. 그런데 원고 브루투스가 피고 카이사르를 암살한 이유를 로마의 공화정을 지키기 위해서라고 밝혔는데요. 그럼 공화정이 매우 중요한 것인 듯하군요. 먼저 그 설명을 들어 봅시다.

김딴지 변호사   재판장님! 그 부분이라면 제가 설명 드리겠습니다.

판사   좋습니다.

김딴지 변호사   ▶공화정이란 나라를 왕이나 황제 같은 한 사람의 지배자가 다스리는 체제가 아닙니다. 국민의 합의로 선출된 사람이 특정 기간 동안 나라를 통치하고, 임기가 끝나면 또 다른 사람이 통치를 하는 것이지요. 이러한 공화정이 약 2천 년 전부터 로마에서 이루어졌다니, 참으로 놀라운 일이지요.

판사   그렇다면 어떻게 로마에 공화정이 들어섰지요?

교과서에는

▶ 공화국이란 영어로 'republic'이라고 합니다. 라틴어의 'res publica'에서 나온 단어로, 공공의 물건이라는 뜻입니다. 그러므로 공화국이란 한 사람이 나라를 소유하지 않고 여러 사람이 나눠 통치한다는 의미랍니다.

김딴지 변호사　　네, 재판장님! 그렇지 않아도 설명드리려 했습니다. 일단 로마가 어떻게 탄생했는지를 잠시 살펴보지요. 로마는 먼 옛날에 늑대의 젖을 먹고 자랐다는 쌍둥이 형제, 로물루스와 레무스가 세웠다는 이야기가 전해옵니다. 이건 전설이기 때문에 역사적 사실로 보지 않는 역사가도 있습니다. 하지만 고구려에서 주몽이 알을 깨고 나왔다고 하듯, 어느 나라나 건국 신화는 있는 법이지요. 그래도 ▶로마인들이 기원전 509년에 이탈리아 반도에 살던

교과서에는

▶ 고대 로마 사람들은 이탈리아 중부의 테베레 강 유역에서 작은 마을을 이루고 에트루리아 왕의 지배를 받으며 살았습니다. 그러다 기원전 509년에 로마인은 에트루리아 왕을 내쫓고 귀족 중심의 공화정을 시작했지요.

에트루리아인을 몰아내고 공화국을 세웠다는 사실에 대해서는 아무도 이의를 제기하지 않습니다.

이때 등장한 인물이 바로 원고 브루투스의 위대한 선조인 '루키우스 유니우스 브루투스'입니다. 그는 에트루리아의 거만한 왕 타르퀴니우스를 몰아내었죠. 당시 로마인의 마음속에는 한 사람이 지배하는 체제에 강하게 반대하며 정치적 자유를 얻고자 하는 열망이 깃들어 있었습니다. 그래서 왕 한 사람이 지배하는 나라가 아닌, 귀족들이 임기를 정해 돌아가며 로마를 다스리는 공화정 체제를 선택하였습니다. 여기에서 공화정이란 민주주의라는 의미보다는, 말 그대로 '공공의 이익'과 '공공선을 추구하는 국가'를 말하지요. 이때 성립된 로마 공화정의 전통은 바로 피고 카이사르가 독재 권력을 누리기 전까지 유지되었습니다.

판사　로마 공화정이 형성된 배경을 잘 들었습니다. 그렇다면 한 가지 궁금증이 생기는군요. 당시 공화정은 어떤 방식으로 운영이 되었나요?

이대로 변호사　그건 제가 설명하겠습니다.

판사　네. 이번에는 피고 측 변호인에게 기회를 드리겠습니다.

이대로 변호사　재판장님이 지적하신 대로 로마의 공화정을 제대로 알기 위해서는 공화정의 구조를 이해할 필요가 있습니다. 로마의 공화정은 기원전 509년에 에트루리아 왕을 없앤 이후, 카이사르가 집권할 때까지 약 4백여 년이 넘는 시간에 걸쳐 서서히 발전해 나갔습니다. 먼저 왕이 사라지자 로마의 귀족은 최고의 지위를 상징하는

'집정관(Consul)'을 민회에서 매년 두 명씩 뽑았습니다. 집정관은 로마의 최고 권력자로, 오늘날 지상 세계에서 말하는 국무총리 같은 것이었죠. 이들의 임기는 1년이었습니다. 집정관은 행정과 군사에 관한 권력을 갖고 있었고, 귀족 회의 집단인 원로원과 중요한 나랏일을 의논했습니다. 민회를 소집할 수도 있었고요. 두 명의 집정관은 한 달씩 교대로 일했고 나라의 중요한 일을 결정할 때에는 서로 충분히 이야기를 나눠 뜻을 모으도록 하였습니다.

민회
고대 그리스 로마 시대 때, 시민이 모여 나랏일을 의논하던 회의체입니다.

판사   공화정에는 왜 두 명의 집정관을 두었나요?

이대로 변호사   그것은 권력을 행사하더라도 서로 견제하고 균형을 유지하기 위해서였지요. 또한 권력이 한 사람에게 쏠리는 것을 방지하려는 것도 있었지요. 하지만 전쟁과 같은 비상시에는 나라의 혼란을 막기 위해 한 사람의 '독재관'을 선출해 체계적인 지휘를 할 수 있도록 했습니다. 그 기간은 6개월을 넘지 못했지만요. 이는 역설적으로 공화정 체제 아래에서도 로마인들이 1인 통치를 완전히 포기하지는 않았다는 것을 말하지요.

김딴지 변호사   이의 있습니다, 재판장님! 로마가 독재관을 둔 것은 국가 비상시에 권력을 한 사람에게 위임함으로써 보다 효율적이고 원활하게 위기에 대응하기 위해서였습니다. 이대로 변호사는 사실을 왜곡하지 마세요! 그리고 재판장님, 로마 원로원에 대한 설명은 제가 하도록 허락해 주시기 바랍니다.

판사   로마가 독재관을 두었던 것에 대해 양측 변호인의 의견이

로마 공화정 말기 원로원의 모습

왕정
임금이 나라를 다스리는 체제입니다.

자문
어떤 일을 보다 잘 처리하기 위해 그 분야의 전문가에게서 조언을 듣는 것입니다.

다르군요. 그럼 원로원에 대한 설명은 원고 측 변호인이 해주시기 바랍니다.

김딴지 변호사   원로원은 쉽게 말해 오늘날의 국회의원과 비슷하다고 보시면 됩니다. 왕정 시대 때, 로마의 원로원은 왕을 위한 자문 위원회에서 출발했을 것으로 추정됩니다. 형식적으로 원로원은 앞서 설명된 두 명의 집정관에 의해서 소집되었고, 집정관의 협의에 따르는 기관이었습니다. 그러나 실질적으로는 공화정 최고의 권력기관으로서 나랏일 대부분을 결정했지요. 원로원의 충고는 집정관도 거부할 수 없게 되어 있었습니다. 원로원 의원의 수는 일정하지 않았으나 공화정 초기에는 대체로 3백 명 정도였습니다.

판사 원로원의 권력이 막강했군요.

김딴지 변호사 역사가 폴리비우스는 당시 로마 원로원의 회의를 보고 '왕들의 모임'과 같았다고 했습니다. 그야말로 원로원은 로마의 최고 **엘리트** 귀족으로 이루어진 기구였습니다. 원로원 의원은 법률을 제정하지도 않았고 법적 권력도 갖고 있지 않았습니다. 그러나 로마의 공직자를 승인하고 지원하게 되어 있어서, 막강한 정치적 영향력을 행사했습니다. 그랬기 때문에 로마 공화정의 공직자는 원로원 의원 중에서 많이 뽑혔습니다.

판사 네, 원로원에 대한 설명 잘 들었습니다. 그렇다면 로마의 민회는 어떤 조직이었나요? 그리고 **평민**의 정치적 역할은 어땠습니까?

김딴지 변호사 로마의 민회는 그리스의 민회보다 조금 더 복잡했습니다. 간단히 말씀드리자면 로마의 민회는 앞서 설명한 두 명의 집정관과 3백 명의 원로원과는 대비되는 개념으로, 평민으로 이루어졌습니다.

판사 구체적으로 평민들은 어떤 일을 했나요?

김딴지 변호사 ▶평민들은 전쟁이 나면 군인으로 나가 싸우고 평상시에는 열심히 일해 나라에 세금을 냈지요. 결국 귀족의 이익을 위해 몸 바쳤던 셈입니다. 그러므로 이들이 차츰 자신의 권리를 주장하고 나서게 된 것도 무리는 아니었습니다. 그래서 평민회 안에서 열 명의 '호민관'을 뽑아 평민의 이익을 대변하게 하였지요. 호민관은 평민의 권리

엘리트
높은 수준의 교육을 받아, 사회에서 뛰어난 능력을 지닌 사람으로 인정받은 것을 의미합니다.

평민
특권 계층이 아닌 일반 시민 집단을 뜻합니다.

교과서에는

▶ 기원전 509년에 로마에서 공화정이 수립된 뒤, 귀족과 평민의 대립이 심해졌습니다. 귀족들은 전쟁 때 평민이 군사력을 담당했기 때문에 그들의 요구를 모른 척할 수 없었습니다. 그래서 평민회와 호민관 제도가 생기고 12표법과 같은 여러 법을 제정해 평민에게도 나랏일에 참여할 수 있는 기회를 주었지요. 하지만 귀족과 평민 간의 경제적 불평등은 여전히 심했답니다.

를 지키기 위해 평민으로 만든 관직이지요.

판사   평민의 권리를 뒷받침하기 위해서는 호민관 열 명으로 충분했나요?

김딴지 변호사   아닙니다. 평민들은 세력이 더욱 커지자 최고 권력자인 집정관 두 명이 모두 귀족으로 구성된다는 것에 불평을 터뜨렸습니다. 이로 인해 평민회는 집정관 중 한 명을 평민 중에서 뽑자고 요구했지요. 당시 로마인들의 평등 의식은 참으로 놀랍지요.

판사   그래서 평민의 힘은 늘어났나요?

김딴지 변호사   그렇습니다. 결국 로마의 집정관은 귀족과 평민 중에서 각각 한 명씩 선출되었고, 법적으로도 평민의 권리가 귀족과 동등하게 인정되었습니다. 이것을 명시한 것이 로마의 '리키니우스-섹스티우스 법'입니다. 사실상 로마는 노예를 제외하고는 귀족과 평민이 같은 권리와 평등을 누리는 공화국을 이룩한 것이지요.

판사   로마는 탄탄한 공화정을 바탕으로 지중해를 호령하며 성장할 수 있었군요?

김딴지 변호사   네. 2백여 년이 넘는 신분 투쟁 끝에 평민은 겉으로 보기에는 귀족과 거의 동등해졌습니다. 로마는 이를 통해 모든 시민을 공동체의 일원으로 단결시킬 수 있었지요. 또한 이러한 평민 계급은 전쟁이 일어났을 때 수많은 병력으로 동원되어, 로마가 제국으로 팽창하는 데 큰 힘이 되었습니다. 이처럼 타협과 양보로 귀족과 평민간의 단합이 이루어진 사실은 로마의 정치가 그만큼 발전했다는 것을 의미합니다. 그리하여 ▶덕분에 로마에서 평민의 권력이 높

아지고 민회가 국가 민회로 발전했던 기원전 287년부터 이후 150여 년 동안 로마는 정치적으로 안정되었고 영토도 많이 넓혔습니다. 그 시기에 로마는 끊임없이 전쟁을 하여 사르디니아, 코르시카, 히스파니아, 마케도니아, 그리스, 북아프리카, 소아시아 등 넓은 지역을 정복했습니다.

판사   당시 로마 시민의 자부심이 엄청났겠는걸요?

김딴지 변호사   그렇습니다. 당시 이웃 민족을 정복하여 얻은 물자와 영토는 가난한 평민의 생활을 안정시켜 주기도 했지요. 정치인은 이를 통해 평민의 인기를 얻기도 했습니다. ▶▶예를 들어, 로마 군단의 깃발에는 'SPQR(원로원과 로마시민 Senatus Populusque Romanus)'이라는 표어가 적혀 있었는데 이것은 귀족은 지휘관으로, 평민은 군단병으로 서로 협력하자는 뜻이었습니다. 이러한 노력으로 로마 공화국은 점점 더 발전할 수 있었지요. 하지만 로마 공화국의 안정과 평화는 그리 오래가지 못했습니다.

판사   왜 그랬지요? 그 부분을 좀 자세히 설명해 주시겠습니까?

김딴지 변호사   네, 물론입니다!

잠깐 서류 뭉치를 뒤적이던 김딴지 변호사는 의기양양하게 다시 말을 이었다.

폴리비우스(Polibius)가 말한
로마의 혼합정체론

폴리비우스는 고대 그리스의 명문가 출신 학자이자 역사가였습니다. 그는 기원전 151년에 『역사』라는 책을 써서 당시에 로마 공화정이 성공적으로 유지될 수 있었던 비결을 분석해 놓았지요. 로마는 제2차 포에니 전쟁이 일어나기 직전인 기원전 220년부터 3차 마케도니아 전쟁이 끝난 기원전 167년까지, 53년도 못 되는 짧은 기간 안에 부국강병을 이루었지요. 폴리비우스는 로마가 최단 기간 동안 세계를 정복하고 단일 지배 체제를 형성할 수 있었던 건 바로 로마가 선택한 정치체제 덕분이었다고 판단했습니다. 그의 분석에 의하면 로마는 1인의 왕정, 소수의 귀족정, 그리고 다수의 민주정, 이 세 가지가 혼합된 정부 형태를 사용했기 때문에 성공할 수 있었습니다. 즉, 혼합정체(Mikte)를 채택하고 있었다는 것이지요. 각각의 체제가 어떻게 로마를 훌륭히 이끌었는지 한 번 살펴볼까요?

첫째, 집정관의 권한만 놓고 본다면 로마의 정부 형태는 거의 군주정이나 왕정과 같다는 인상을 줍니다. 집정관은 로마 군단의 지휘를 비롯해 나랏일에 대한 최고의 권한을 행사했지요. 호민관을 제외한 모든 정무관들이 집정관의 명령에 따라야 했고, 집정관은 원로원과 민회를 통해 여러 정책이나 법안을 제출하고 그 결과를 시행할 수 있었습니다. 경제적, 군사적으로도 중요한 결정을 요구할 수 있었지요. 둘째, 원로원을 따로 떼어놓고 보면 로마는 귀족 정치를 하는 것처럼 보입니다. 원로원은 로마의 국고를 책임지며 모든 수입과

지출을 관리했습니다. 원로원은 나랏돈을 사용하게 허락할 권한을 갖고 있었지요. 그리고 로마 사회의 각종 분쟁과 범죄에 대한 판단 및 조정을 할 수 있었고 전쟁 선포나 외교 활동과 같은 일들이 원로원의 의무이자 권한이었습니다. 셋째, 민회만 놓고 보면 로마는 분명히 민주정의 체제를 갖춘 나라로 보입니다. 민회는 사법권을 갖고 있어서 여러 사건에 대한 재판을 할 수 있었고 여러 법안에 대해 승인이나 거부를 할 수도 있었답니다. 그리고 외국과의 동맹이나 조약 체결도 할 수 있었지요.

이 세 부분의 조화가 바로 로마 공화정의 가장 큰 미덕이었으며, 비길 데 없는 힘과 역동성으로 이탈리아를 통일하고 지중해를 로마의 호수로 만들 수 있었던 비결이었습니다. 폴리비우스는 이후 역사가들로부터 로마 공화정의 실체를 예리한 통찰력으로 서술했다는 평가를 받았답니다.

그라쿠스 형제의 개혁은 왜 실패했을까?

2

김딴지 변호사　앞서 설명한대로 평민의 권리가 높아진 것은 칭찬할 만했지요. 하지만 불행히도 그것이 항상 긍정적인 것은 아니었습니다.

판사　왜 그렇지요?

김딴지 변호사　조금 전 평민으로 구성된 민회에서 그들의 대표자로 두 명의 호민관을 뽑았다고 말했지요. 그런데 로마에 위기가 닥쳤을 때 이들이 대립과 혼란을 일으키기도 했기 때문입니다. 예를 들어 로마의 운명이 걸려있는 중요한 전쟁을 결정할 때 원로원의 뜻이 반영되지 않은 채 민회에서 혼자 결정했던 일도 있었지요.

판사　'두 개의 머리'가 있었던 것이나 마찬가지였군요?

김딴지 변호사　그렇다고 볼 수 있습니다. 기원전 264년에 포에니 전쟁이 일어나기 전에는 원로원과 민회가 함께 대화와 타협으로 큰 힘을 발휘할 수 있었습니다. 이게 다 귀족이 평민을 많이 배려해줬기 때문이지요!

이대로 변호사   이의 있습니다, 재판장님! 평민의 대표자였던 호민관 때문에 로마 공화정에 위기가 닥쳤다는 것은 지나친 억지입니다! 김딴지 변호사는 지나치게 당시 귀족의 입장에서만 말하는군요? 로마의 공화정이 흔들리게 된 데에는 다른 이유가 있었습니다.

판사   그게 대체 뭐죠?

이대로 변호사   바로 귀족이 정복을 통해 얻은 드넓은 땅을 독차지하고 대농장을 운영하면서, 수많은 전쟁 포로들을 노예로 부려먹었기 때문입니다. 적은 수의 부자 귀족과 많은 수의 가난한 시민으로 사회가 균형을 잃자 공화국의 기반이 흔들렸던 것입니다! 그래서 당시 호민관이었던 그라쿠스 형제가 등장해 로마를 개혁하려 했지요. 이 부분에 대해 자세히 짚고 넘어가도록 허락해 주십시오.

판사   이대로 변호사의 요청을 받아들입니다.

이대로 변호사   ▶당시 로마에는 120년이라는 시간에 걸쳐 큰 전쟁이 휘몰아치고 지나갔습니다. 바로 로마가 한니발 장군이 이끄는 카르타고를 물리친 포에니 전쟁이었지요. 포에니 전쟁이 끝나자 이탈리아 반도는 전쟁의 후유증으로 토지가 황폐화되고 전염병까지 돌아 인구가 크게 줄었습니다. 그리고 전쟁을 마친 병사들은 고향에 돌아와 다시 농사를 지었지만, 외국에서 값싼 곡물이 들어와 몰락했습니다. 그

래서 로마 시내로 많이 들어 왔지요. 결국 농민의 수는 심각하게 줄
었습니다.

판사   로마가 카르타고와의 전쟁에서 이긴 후, 정복 지역에서 로
마로 많은 물자가 유입되지 않았나요?

이대로 변호사   맞습니다. 포에니 전쟁 이후 이것이 결국 독이 되었
습니다. 로마는 계속되는 정복 전쟁으로 풍부한 자본과 토지, 노예
노동력을 얻을 수 있었습니다. 그런데 귀족들이 혼자 차지하려 했던
것입니다. 그들은 넓디넓은 농장을 운영하며 노예를 부리기 시작합

니다. 이것이 바로 라티푼디움(latifundium)이라는 대농장이었지요.

판사 그렇다면 전쟁 이후 로마로 들어온 인구는 어떻게 되었습니까?

이대로 변호사 문제는 그들의 일자리가 충분하지 않다는 점이었습니다. 로마 시민의 거주 환경은 열악했으며 높은 범죄율로 도시 빈민들의 불만은 하늘을 치솟기 시작했습니다. 이것이 결국 공화국 로마의 공공 질서와 정치 안정을 흔들었지요.

판사 귀족 지배자들은 이러한 사회문제에 어떻게 대처했습니까?

이대로 변호사 포에니 전쟁이 남기고 간 위기 상황에서 원로원은 지도력을 발휘하여 한때 로마 시민의 지지를 얻기도 했습니다. 하지만 로마 사회를 위기로 몰아넣은 이들도 원로원을 중심으로 한 귀족 계급이라는 점을 지나쳐서는 안 됩니다. 왜냐하면 전쟁에 이겨서 얻게 된 재물과 이익이 로마 시민에게 골고루 돌아가기는커녕 모두 귀족과 신흥 부자들에게 돌아갔기 때문입니다. 시민병으로 전쟁에 나섰던 로마의 농민은 더욱 가난하게 되었지요.

김딴지 변호사 이의 있습니다, 재판장님! 이대로 변호사는 지금 귀족에게만 책임을 돌리고 있는데, 원로원 귀족들도 많은 노력을 기울였습니다! 예를 들어 공공 시설물을 짓거나 가난한 사람에게 싼 값으로 식량을 공급했으며, 검투사 시합이나 전차 경주를 열어 고단한 시민에게 즐길 거리를 주었지요.

이대로 변호사 존경하는 재판장님! 그것은 원고 측 변호인의 구차한 변명에 지나지 않습니다. 비록 이 문제를 진지하게 고민한 귀족이 있기도 했지만 원로원에서 그들은 소수에 불과했습니다. 원로원 귀족의 대부분은 당시 시민의 이익을 위해 노력하지 않고, 자신의 권력과 위신을 지키는 데 급급했습니다.

판사   로마를 새롭게 개혁할 인물이 필요했겠군요.

이대로 변호사   맞습니다. 이러한 상황에서 그라쿠스 형제가 혜성처럼 등장한 것이지요. 그들이 바로 티베리우스 그라쿠스와 가이우스 그라쿠스였습니다. 이들 형제는 제일 먼저 귀족에게 몰려 있던 토지를 농민에게 나누어 주기 위해 토지 제도를 개혁했지요.

"그라쿠스! 그라쿠스! 로마 평민의 수호자! 위대한 로마의 개혁자, 그라쿠스여 영원하라!"

이대로 변호사의 말이 끝나기 무섭게 방청석에서는 그라쿠스를 지지하는 구호가 울려 퍼졌다. 이대로 변호사는 흐뭇한 미소를 지으며 방청객들이 진정할 때까지 잠시 기다린 뒤, 말을 이었다.

이대로 변호사   재판장님, 이 부분에 대해 가장 자세하게 설명해 줄 수 있는 분, 그라쿠스를 증인으로 모셨으면 합니다.

판사   네. 받아들입니다. 증인 그라쿠스는 앞으로 나와 증인 선서를 해 주시기 바랍니다.

그라쿠스가 재판정 안으로 모습을 드러내자 법정 안이 다시 웅성거렸다.

"그런데 지금 저 증인은 형이야, 동생이야?"

"가만 좀 있어봐! 조용히 지켜보자고."

그라쿠스는 생전의 단호하고 당당한 자세로 증인석에 자리를 잡았다.

그라쿠스　　나는 이번 재판의 증인으로서 오직 진실만을 말할 것을 엄숙히 맹세합니다.

판사　　좋습니다. 아마도 이 자리에 계신 많은 분들이 ▶'그라쿠스 형제의 개혁'을 대강은 알고 있을 것입니다. 재판의 이해를 돕기 위해 증인은 간단히 자기소개를 해주시지요.

그라쿠스　　알겠습니다. 그런데 어째 이곳 역사공화국에는 억울하게 죽임을 당한 사람이 참 많은 것 같군요? 피고인 카이사르도 그렇고 나도 마찬가지이고요.

이대로 변호사　　그러니 이곳 세계사법정이 필요한 것 아니겠습니까? 하하.

그라쿠스　　네. 아무튼 저는 여러분이 알고 있는 '그라쿠스 형제' 중 동생인 가이우스 그라쿠스입니다. 우리 형제는 로마의 유서 깊은 집안에서 태어났지요. 어머니께서는 우리 형제를 매우 훌륭하게 키웠습니다. 로마의 귀부인들이 값비싼 보석을 자랑할 때면 어머니는 "나에게도 보석이 있다. 그건 바로 나의 두 아들이다."라고 말씀하시곤 했답니다.

이대로 변호사　어린 시절, 어머니로부터 훌륭한 교육을 받으셨군요. 그런데 증인도 집정관을 배출했던 가문에서 태어나지 않았습니까?

그라쿠스　그렇지요. 하지만 우리 형제에게 그것은 중요하지 않았습니다. 우리 형제는 귀족들의 대농장 소유를 비판하고, 몰락해가는 가난한 농민을 위해 여러 가지 개혁을 시도했지요. 그러니 귀족들의 눈에 우리 형제가 곱게 보일 리가 없었겠지요. 결국 나는 기원전 121년에 귀족들의 손에 살해당했고, 우리 형제의 꿈은 물거품이 되었습니다.

이대로 변호사　그런데 제가 조사한 바에 따르면, 당시 로마 귀족이 농장을 그렇게 많이 가질 수 있었던 건 로마 군대의 특수성이 한몫 했기 때문이었다고 하는데요. 이 부분에 대해 자세히 설명해 주십시오.

그라쿠스　네. 잘 알고 계시네요. 우리 로마 군대는 조금이라도 땅을 갖고 있는 농민만이 들어갈 수 있었습니다. 왜냐하면 재산을 소유하고 있는 시민은 나라에 책임감을 느끼고 그에 걸맞는 의무를 수행해야 한다고 보았거든요. 따라서 재산이 하나도 없는 사람은 병역의 의무에서 제외되었습니다.

　로마 공화정 초기에 전쟁이 대체로 짧게 끝날 때는 별 문제가 없었는데, 포에니 전쟁을 거치면서 전쟁 기간이 너무 길어져 문제가 생겼습니다. 대부분 중소 농민으로 구성된 로마 군인은 오랜 기간 전쟁을 치르며 자신의 농토와 먹여 살릴 가족을 버려둘 수밖에 없었던 것이죠. 그래서 전쟁이 끝나고 고향으로 돌아가 보면 비옥했던

기득권
이미 어떤 권리와 이득을 차지
했다는 의미입니다.

에스파냐
스페인을 말하지요.

농토는 전쟁 기간 동안 방치되어 황폐해지고, 가족은 빚에 시달리거나 굶어죽기 직전인 상태가 되어 있었던 겁니다.

이대로 변호사　그래서 생활의 어려움을 겪게 된 농민들이 땅을 헐값에 팔게 된 거로군요?

그라쿠스　맞습니다. ▶그들이 헐값으로 내놓은 토지를 귀족이 사들이면서 로마의 빈부 차이는 매우 심하게 벌어졌습니다. 한마디로 로마의 부유한 귀족은 가문의 영광과 부귀영화에만 관심이 있었고, 몰락하고 있던 농민에게는 관심이 없었습니다. 이것이 포에니 전쟁 이후 로마 사회가 불안하게 된 원인이었지요.

이대로 변호사　그런데 증인의 형제가 로마의 가난한 농민과 토지 문제에 관심을 기울이게 된 특별한 계기가 있었습니까? **기득권**을 지닌 명망있는 가문의 자손이라면 그것을 포기하며 가난한 사람의 입장을 생각해 보기가 쉽지는 않았을 텐데요.

그라쿠스　나의 형 티베리우스는 25세 때 **에스파냐** 전쟁에 참여하게 되었는데, 이때 에스파냐로 가는 길에서 노예들이 대농장에서 고통스럽게 일하는 모습과, 로마 시민이 토지를 잃고 떠도는 처참한 모습을 목격하게 되었습니다. 유복하게 자라온 형에게는 매우 큰 충격이었을 겁니다. 게다가 형은 마음이 여리고 따뜻한 사람이었거든요. 이때의 경험은 형이 평민의 편에 서서 정치를 하는 데 큰 영향을 끼쳤습니다.

이대로 변호사　그랬었군요! 그래서 티베리우스는 구체적으로 어떤 개혁을 주장했나요?

교과서에는

▶ 자영농의 몰락은 군사력을 떨어뜨리고 빈부 격차와 계층 갈등을 악화시켰습니다.

그라쿠스   형은 기원전 134년, 호민관에 당선되었고 농지법에 관한 개혁 **법안**을 제출했습니다. 국가로부터 빌려 갈 수 있는 땅 면적을 제한하고, 일정 넓이 이상의 땅은 국가에 반환하여 농민에게 재분배하도록 주장했던 것이지요. 형은 로마의 **국유지**를 공정하게 분배하여, 전쟁에서 돌아온 군인 출신 자작농을 보호하려 했습니다.

이대로 변호사   그때 원로원의 반응은 어땠나요? 혹시 반발은 없었나요?

그라쿠스   왜 없었겠습니까? 하지만 원로원의 보수적인 귀족들도 처음에는 대놓고 반대할 수 없었습니다. 왜냐하면 그것을 우리 형만 주장했던 게 아니었거든요. 이미 백 년 전에 이런 주장이 나왔었는데도 그동안 실행되지 않고 있어, 형이 다시 한 번 이 법안을 냈던 것입니다. 이후 원로원 보수파가 형 친구였던 호민관 옥타비우스를 꼬드겨 이 법안을 없애려 하자, 형은 평민의 지지를 바탕으로 옥타비우스를 **탄핵**했습니다.

이때 김딴지 변호사가 기다렸다는 듯이 손을 번쩍 들었다.

김딴지 변호사   존경하는 재판장님! 바로 그게 문제였습니다. 티베리우스는 자신과 다른 견해를 가졌다는 이유로 동료 호민관인 옥타비우스를 내쫓았습니다. 이는 공화정 역사상 처음 있는 일이라 논란을 일으켰습니다.

법안
어떤 법을 만들기 위해 제안한 내용을 말합니다.

국유지
사유지에 반대되는 개념으로, 특정 개인이 갖고 있는 게 아니라 국가나 공공 기관이 소유한 땅을 뜻한답니다.

탄핵
공공의 일을 하고 있는 사람이 죄를 지었을 때, 법적인 절차에 따라 그 사람을 내쫓는 것을 탄핵이라고 합니다.

그라쿠스 그렇지 않습니다! 호민관 옥타비우스는 형의 농지법 개혁을 방해하고, 평민의 권익에 반대되는 주장만 해서 원로원 귀족의 앞잡이 노릇을 하던 인물입니다. 호민관은 원래 평민의 권리와 이익을 지키기 위해 만든 공직이기 때문에 옥타비우스의 행동은 당연히 탄핵의 대상이었죠. 그런 적이 없었다는 이유로 이것을 비난하는 건 말도 안 됩니다!

김딴지 변호사 흠. 하지만 그뿐만이 아니었는걸요? 말이 나온 김에 덧붙이자면, 당시 로마의 지배를 받던 페르가몬이라는 나라의 왕이 죽으면서 왕국 전체를 로마에게 넘기는 일이 있었습니다. 개혁을 위한 돈이 필요했던 티베리우스는 거기서 나오는 세금으로 농민에게 보조금을 주자고 주장했습니다. 이걸 결정할 수 있는 건 원로원이었는데 호민관이었던 티베리우스가 자기 권한을 뛰어넘는 주장을 한 것입니다.

그라쿠스 그렇지 않습니다! 나의 형 티베리우스는 원로원의 권한을 침해한 것이 아니라 그들의 이익과 탐욕에 저항했던 것입니다.

판사 자, 모두 진정들 하시지요. 양측의 공방이 점점 더 치열해지는군요. 그래서 그때 원로원의 반응은 어땠습니까?

김딴지 변호사 원로원 보수파는 티베리우스의 호민관 임기가 끝나면 그를 고소하려고 했습니다. 그쯤해서 티베리우스가 자신의 잘못을 깨닫고 반성했으면 좋았는데, 그러기는커녕 두 번 출마하는 것이 허용되지 않았던 호민관직에 다시 출마했습니다. 이는 티베리우스가 독재자가 되려는 것으로 보이기에 충분했습니다. 그래서 원로

왜 카이사르는 루비콘 강을 건넜을까?

원 보수파는 어떻게 해서든지 티베리우스가 다시 호민관으로 뽑히는 것을 막으려고 했습니다.

그라쿠스　원로원 귀족들은 자신의 기득권을 빼앗길까봐 민중의 편에 섰던 형을 견제했던 것입니다. 그런 식으로 나의 형을 모욕하지 마십시오!

그라쿠스가 발끈하고 나서자 김딴지 변호사는 움찔한 듯 보였다. 이 모습을 지켜본 이대로 변호사는 이때를 놓치지 않으려는 마음에 김딴지 변호사를 공격하고 나섰다.

이대로 변호사　재판장님! 원고 측 변호인은 교묘하게 티베리우스를 범죄자로 몰고 있는데 사실은 그렇지 않습니다. 처음부터 불법적으로 로마의 국유지를 차지하고 있었던 자들은 로마의 부유한 귀족들이었습니다. 그리고 그 대부분은 원로원 의원이기도 했고요.

그라쿠스　그렇습니다. 형의 토지 개혁의 핵심은, 중소 농민을 키우기 위해 원로원 귀족이 차지할 수 있는 땅을 제한한 것입니다. 그래서 그들이 불법적으로 갖고 있던 땅을 가난한 농민들에게 다시 나눠주자는 것이었지, 그들의 재산을 강제로 빼앗아 가려는 게 아니었습니다. 원로원 귀족은 자기 탐욕 때문에 농지법 개혁안에 반대했던 것입니다.

김딴지 변호사　이의 있습니다, 재판장님! 티베리우스는 대중의 인기에나 신경 쓰던 정치가였습니다. 조금 전에도 말했지만 그는 자신을 지지하는 평민을 등에 업고 왕이 되려고 한 인물입니다.

이대로 변호사   그렇지 않습니다, 재판장님! 지금 원고 측 변호인은 당시 떠돌던 근거 없는 소문을 갖고 티베리우스를 모함하고 있습니다. 티베리우스는 로마의 중소 농민을 보호하고 육성하여 로마군의 사기가 떨어지는 것을 막기 위해 토지 개혁을 주장했습니다. 결코 자신이 권력을 장악하거나 공화정을 파괴하고 스스로 왕이 되기 위한 것은 아닙니다.

그라쿠스   그 말이 맞습니다. 원고 측 변호사는 계속해서 당시 퍼져있던 소문을 들먹이며 형을 공화정의 파괴자라고 우기고 있는데, 이건 정말 잘못된 생각이에요. 그때 원로원은 어떤 말까지 했는지 아십니까? 나 원 참, 기가 막혀서…….

이대로 변호사   당시 상황을 이해하는데 도움이 될 듯하니 설명해주시죠.

그라쿠스   호민관 선거가 있던 날, 형이 머리 위로 손을 올려 뭔가 신호를 했는데, 그 모습을 본 원로원은 형이 왕관을 요구하는 몸짓을 했다며 발끈했습니다. 그러면서 사람들을 부추기기 시작했죠. 그리고 그 길로 노예들에게까지 몽둥이를 들게 해, 형과 지지자들을 찾아가 막무가내로 때리기 시작했습니다. 그렇게 나의 형 티베리우스는 살해당했습니다. 아, 말을 잇기가 무척 힘이 드는군요…….

이대로 변호사   들으셨죠? 재판장님. 이게 말이나 됩니까? 증인, 많이 힘드실 줄로 이해합니다. 하지만 형님의 훌륭한 뜻을 알리기 위해서라도 힘을 내어 계속 증언해 주세요.

그라쿠스　　그때 형을 따르던 수백 명의 지지자들도 반대파인 원로원 귀족에 의해 학살당했습니다. 형의 시신은 이 사태가 끝난 뒤 반대파에 의해 티베르 강에 버려졌고요. 그게 기원전 133년의 일이었습니다.

　　재판정 안이 갑자기 숙연해졌다. 이 장면을 지켜보다 코를 훌쩍이는 사람도 눈에 띄었다. 잠시 분위기를 살피던 김딴지 변호사가 조심스레 다시 나섰다.

귀족에 맞서 농민을 키우려던 형님은 결국 살해당했어요. 흑흑.

김딴지 변호사　저, 재판장님. 사실 티베리우스가 죽은 뒤 로마 원로원도 상황을 수습하기 위해 애를 많이 썼습니다. 당시 상황을 일으킨 주동자를 추방했고 에, 그리고 또…….

그라쿠스　뭐라고요? 그건 형을 지지하던 평민의 분노를 잠재우기 위한 술책에 불과했어요! 눈 가리고 아웅하는 거였다고요! 그렇게라도 하지 않으면 당장이라도 폭동이 일어날 기세였으니 말입니다. 그러나 형이 없어진 마당에 토지 개혁이 순조롭게 진행될 리 없었지요.

판사　잘 알겠습니다. 증인은 진정하시지요.

이대로 변호사　제가 계속 질문하도록 하지요. 증인, 그렇다면 티베리우스가 죽은 뒤, 증인은 어떻게 했나요?

그라쿠스　나는 형의 억울한 죽음에 매우 큰 충격을 받았지만, 슬퍼하고만 있을 겨를이 없었습니다. 이내 정신을 차리고 형의 뜻을 잇기로 결심했지요. 형이 추진하려 했던 토지 개혁이 공화국을 위해 필요하고 또 정당하다는 생각이 들어, 원로원 반대파에 맞서 다시 한번 개혁을 추진하게 되었습니다.

이대로 변호사　형의 비참한 죽음을 목격했는데도 그 길을 걷기로 했다니, 증인은 참으로 훌륭하십니다.

김딴지 변호사　이대로 변호사, 그런 개인적인 칭찬은 두 분이서 오붓하게 차나 한잔 할 때 하시지요. 흥!

　　김딴지 변호사의 딴죽에도 그라쿠스는 못 들은 척 말을 이었다.

그라쿠스 형 티베리우스가 로마에서 원로원 보수파에게 죽임을 당하고 10년 뒤, 나도 형처럼 호민관에 당선되었습니다. 그리고 형이 생전에 추진했던 자작농을 키우기 위한 농지 개혁법을 다시 제안했어요. 더불어 식량 문제도 해결하려 했지요. 국가가 곡식을 사들여 놓았다가 시중의 가격보다 싼 값으로 가난한 사람들에게 제공하도록 하는 곡물법을 주장했던 것입니다. 또 17세 미만의 시민은 군대에 징집되지 않도록 해야 한다고 했습니다.

자작농
자기 땅에 자기가 직접 농사짓는 것을 의미합니다.

이대로 변호사 참으로 위대한 일을 많이 하셨군요.

그라쿠스 과찬의 말씀입니다. 그밖에 새로 생긴 식민지에 도시를 세워 로마 시민을 옮겨 살게 하자고도 했지요. 뭐 일일이 다 말씀드릴 수는 없으니 한 마디만 더 덧붙이지요. 나는 로마 시민의 권리를 더 넓히기 위해 시민권 개혁법도 만들었습니다.

이대로 변호사 증인은 정말 열정적으로 활동했군요. 그때 로마 시민의 반응은 어땠습니까?

그라쿠스 내가 제안한 법안은 로마 민중의 뜨거운 지지를 받았습니다. 그러나 보수적인 원로원 귀족에게는 못마땅하게 보이는 것도 있었지요. 특히 시민권의 확대를 주장했을 때, 그들은 내게서 차갑게 등을 돌렸습니다.

이대로 변호사 원로원 보수파의 입장에서는 티베리우스의 동생인 증인 역시 위험한 인물이었군요.

그라쿠스 그렇습니다. 게다가 그들은 내가 형의 복수를 대신할지

도 모른다는 두려움도 갖고 있었어요. 내가 훗날 집정관에 선출되기라도 한다면 자기 형을 죽인 반대파들을 가만 놔두지 않을 거라고 우려했던 것이죠. 그래서 나를 제거하려는 움직임이 치밀하게 꾸며지고 있었습니다. 나는 점점 초조해져 갔어요.

이대로 변호사　　증인, 매우 힘들었겠군요.

그라쿠스　　더욱이 다음 해의 집정관으로 선출된 두 사람 중의 한 사람이 루키우스 오피무스였는데 그는 나를 매우 싫어했습니다. 나는 그동안 쌓아왔던 노력이 한순간에 물거품이 될까 걱정했지요.

이대로 변호사　　증인은 그런 상황에서 호민관직을 계속 유지할 수 있었나요?

그라쿠스　　아닙니다. 원로원은 이때다 싫었는지 나와 나의 지지자들을 로마 공화국의 적으로 규정하며 들고 일어났습니다.

이대로 변호사　　증인은 매우 당황했겠군요?

그라쿠스　　네. 우리는 평민의 집결지로 쓰이던 아벤티노 언덕에 올라 저항했으나 원로원 일당에 의해 모두 가혹하게 죽임을 당했습니다. 나도 처음엔 도망치다 울분을 참지 못하고 결국 스스로 목숨을 끊었지요.

이대로 변호사　　증인, 괜찮습니까? 잠시 휴식을 요청할까요?

그라쿠스　　아닙니다. 계속 하겠습니다.

　그라쿠스는 냉정을 되찾기 위해 찬물을 한 모금 들이켠 뒤, 다시 담담하게 말을 이었다.

그라쿠스 당시 집정관이었던 오피무스는 나와 내 동료의 머리를 로마 시내에 내걸었고, 우리의 시신은 티베르 강에 던져졌습니다. 이후 원로원은 그동안 우리 형제가 제안했던 법안의 대부분을 무효로 만들고 토지 개혁도 없던 것으로 만들었습니다. 그렇게 우리는 역사의 뒤안길로 사라졌지요.

김딴지 변호사 이의 있습니다! 증인 형제의 비참한 최후는 참으로 유감입니다. 하지만 당시 원로원의 입장에서 보면 이는 민중의 지지를 등에 업은 그라쿠스 형제를 성공적으로 막은 것이었습니다. 이것은 원로원이 중심이 되는 공화국 로마를 굳건히 지켜낸 것이라고 볼 수 있습니다.

이대로 변호사 재판장님, 원고 측 변호인은 계속해서 사실을 잘못 해석하고 있습니다. 로마 원로원은 그라쿠스 형제를 적으로 돌리기보다는 그들의 주장을 진지하게 받아들이고 살펴보았어야 했습니다. 역사는 로마 시민권의 확대, 그리고 자영농과 로마군의 육성을 위해 노력했던 티베리우스와 가이우스의 개혁이 옳았다고 칭송하고 있습니다. 그래서 그들은 죽은 뒤 다시 지지를 얻었습니다.

그라쿠스 사실 우리 형제의 개혁은 원로원에서 추진되어야 할 정치적 과제였습니다. 하지만 원로원은 포에니 전쟁에서 승리한 후, 자만심에 빠져 로마 시민을 위한 자신의 의무를 저버렸던 것입니다.

이대로 변호사 맞습니다. 여기에서 제가 강조하고자 하는 점은, 그라쿠스 형제의 개혁은 로마의 역사에서 결정적인 전환점을 마련했다는 것입니다. 포에니 전쟁 이후 지중해 세계의 새로운 주인이 된 로마의 번영과 풍요의 혜택을 누릴 사람은 누구인가? 로마를 설계한 부유한 귀족 계급인가? 아니면 로마 건설에 이바지한 중소 시민 계급인가? 그라쿠스 형제는 그러한 문제를 진지하게 생각하고 실천했던 용감한 개혁자들이었습니다. 하지만 로마의 원로원은 공화정이 생길 때부터 전해져 왔던 그들의 전통적 가치와 대화와 타협이라는 정치적 미덕을 잃었습니다. 이것이 결국 로마 공화국에서 불행의 씨앗이 되었던 겁니다.

판사　　　그렇군요. 로마가 공화정 말기로 가면서 어떤 문제를 안고 있었는지 잘 이해할 수 있겠습니다.

이대로 변호사　　　저도 그라쿠스 형제의 개혁은 당시 호민관 신분으로서 이끌어 나가기에 역부족이 아니었나 하는 아쉬움이 남습니다. 그라쿠스 형제가 좀 더 정치 경력을 쌓다가 나중에 집정관에 선출된 뒤, 개혁을 실시했으면 성공했을 것이라 생각합니다. 원로원 안에 자신의 지지 세력을 더 많이 확보한 상태에서 말이지요.

판사　　　네. 잘 들었습니다. 증인도 수고하셨습니다. 지금까지 로마 공화정이 흔들렸던 상황을 살펴보았습니다. 그럼 이제 피고 카이사르가 그러한 상황 속에서 어떻게 정치적 성공을 이루었는지 알아보겠습니다.

힘들게 증언을 마친 증인 그라쿠스는 자리에서 일어났다. 양측 변호사는 다음 변론을 준비하느라 분주하게 서류를 뒤적였다.

한니발의 코끼리 부대와
포에니 전쟁

기원전 264년부터 약 120년에 걸친 긴 시간동안 로마는 카르타고와 전쟁을 치릅니다. 로마인은 카르타고 주민을 '포에니(페니키아 사람)'라 불렀습니다. 그래서 3차에 걸쳐 카르타고와 싸운 이 전쟁을 '포에니 전쟁'이라 하지요. 카르타고는 아프리카 북부 지역, 현재의 튀니지에 위치하던 나라였습니다. 지중해를 사이에 두고 서로 바라보고 있던 로마와 카르타고는 지중해의 해상권을 차지하기 위해 포에니 전쟁을 일으켰던 것입니다.

1차 포에니 전쟁(B.C.264~B.C.241)에서 로마는 카르타고의 막강한 해군을 가까스로 이기고 전쟁 배상금과 시칠리아 섬을 얻어냈습니다. 카르타고로서는 적지 않은 손실을 입은 것이었죠. 그래서 다시 힘을 키우기 위해 애를 쓰며 로마에 대한 복수를 다졌답니다. 이러한 배경 속에서 자란 카르타고의 장군이 바로 한니발이었습니다. 한니발은 드디어 로마 땅에 쳐들어가기로 했습니다. 하지만 로마가 전혀 예상하지 못한 길과 방법을 통해서였지요.

기원전 220년, 한니발은 5만 명의 보병, 9천 명의 기병, 40마리의 코끼리 부대를 이끌고 로마로 출발합니다. 로마군은 한니발이 지중해를 건너 시칠리아 섬과 이탈리아 반도 남쪽으로 쳐들어 올 것이라 생각해 로마로 향하는 길목을 단단히 감시했습니다. 하지만 이렇게 쳐들어 왔다면 한니발의 이름이 역사에 길이 남지 못했겠지요?

한니발은 로마의 예상을 완전히 뒤엎고 에스파냐와 프랑스 남부를 거쳐 험준한 알프스 산맥을 넘어 로마로 진격합니다. 로마는 한니발의 부대가 알프스 산맥을 넘어 올 것이라고는 전혀 상상하지 못했기 때문에 완전히 뒷통수를 맞은 것이었죠. 아프리카 땅에 있는 카르타고 군대가 알프스의 추위와 눈보라를 극복하고 험준한 봉우리를 넘어 로마에 도착했을 때, 로마 사람들은 기겁할 수밖에 없었답니다.

우여곡절 끝에 3차에 걸친 포에니 전쟁에서 로마가 승리했지만 한니발의 과감한 도전은 두고두고 이야기되었고, 훗날 나폴레옹은 이를 본받아 전략을 세우기도 했답니다.

역사공화국 세계사법정 12권 『왜 한니발은 알프스 산맥을 넘었을까?』 중에서

3

카이사르는 어떻게
힘을 키웠을까?

이대로 변호사　재판장님. 피고 카이사르가 어떻게 정치가로서의 기반을 다져 나갔는지는 피고로부터 직접 들어보는 게 좋을 것 같습니다.

판사　알겠습니다. 피고 측 변호인, 피고 신문을 해주시지요.

이대로 변호사　피고가 어떻게 로마 최고의 권력자가 되었는지 궁금해 하는 분들이 많은데요. 피고의 성장 과정을 설명해 주시지요.

카이사르는 위엄 있는 표정으로 헛기침을 몇 번 하더니 말문을 열기 시작했다. 원고 브루투스에게는 여전히 눈길조차 주지 않았다.

카이사르　나는 로마의 유서 깊은 가문에서 태어나기는 했지만 아버지는 법무관의 자리밖에 오르지 못했소. 이후 아버지는 아시아 속주의 총독을 지냈지만 내가 16세 되던 해에 돌아가셨지. 가장이 된 나는 이듬해에 유피테르 신전의 사제로 지명되었소. 당시 사제는 자신뿐만 아니라 그 부인도 귀족이어야 한다는 규정이 있었지. 사실 나는 어렸을 적에 평민 가문의 딸인 코수티아라는 소녀와 약혼을 한 사이였는데, 그 규정 때문에 약혼을 취소할 수밖에 없었소. 결국 당시 권력자 가문의 딸 코르넬리아와 결혼하였다오.

김딴지 변호사   홍, 벌써부터 카이사르의 권력지향적인 성격이 잘 드러나는군요!

카이사르   어쨌든 당시 로마는 매우 혼란스러웠소. 마리우스와 술라의 권력투쟁의 여파가 아직 남아있었으니까. 까딱하다간 귀족들 간의 싸움에 휘말려 목숨을 잃을 수도 있었다오. 그래서 나는 잠시 로마를 떠나 있기도 했고, 아시아 식민지에서 군인으로 경력을 쌓기도 했소. 그러다 기원전 78년, 로마가 조금 안정되어 보이자 다시 로마로 돌아왔다오.

이대로 변호사   피고는 그때 로마에서 기반이 탄탄하지 않았을 텐데요. 어떻게 정착했습니까?

카이사르   당시 나는 정치적 반대파에게 유산을 모두 빼앗긴 상태였소. 하지만 내가 누구요? 이를 악물고 어떻게든 다시 일어나기 위해 노력했지! 우선 나는 로마의 하층민이 사는 마을에서 지내며 변

속주
이탈리아 반도 이외에 로마가 점령한 영토를 말합니다.

유피테르 신전
유피테르를 영어식으로 읽으면 '주피터'가 되는데 그리스 로마 신화의 제우스 신을 의미합니다. 유피테르 신전은 바로 이 제우스를 모신 신전으로, 로마에서 집정관이 취임하면 이 신전에 참배를 드렸고, 로마의 장군이 원정을 나가 승리하고 돌아오면 유피테르 신전을 향해 개선식을 진행했다고 하지요.

마리우스
로마 공화정 말기의 장군이자 정치가로, 직업 군인 제도를 도입하는 개혁을 단행했습니다. 부하인 술라와 권력을 놓고 다퉜지요.

술라
로마 공화정 말기에 마리우스의 부하로 활약하다 나중에 마리우스와 권력 투쟁을 벌여 로마를 공포로 몰아넣었답니다.

알렉산드로스 대왕
기원전 336년부터 13년 동안 그
리스, 페르시아, 인도에 이르는
대제국을 건설한 왕입니다. 그리
스와 동양의 문명이 만난 헬레니
즘 문화를 이룩하였지요.

호사로 나섰다오. 그리고는 썩어 빠진 관리들을 고발하며,
이대로 변호사처럼 빼어난 논리와 웅변으로 유명해지기
시작했소. 하하.

이대로 변호사   피고도 참 뭘 그렇게까지, 근데 제가 변론
을 좀 잘하긴 하지요. 하하.

김딴지 변호사   재판장님, 지금 피고와 변호사가 나누는 얘기를 듣
고만 계실겁니까?

판사   피고 측, 다시 재판을 진행해 주시지요.

카이사르   이후에 나는 공부를 더 하기 위해 로도스 섬으로 유학을
떠났다오. 그런데 그곳에 가던 중 해적에게 붙잡히는 신세가 되었
소. 해적은 포로의 몸값을 받고 풀어주곤 했는데, 그때 내가 뭐라 했
는지 아시오? 나는 해적들에게 내 몸값이 너무 적다며 더 올리라고
오히려 큰소리쳤소!

이대로 변호사   아, 그 이야기는 저도 알고 있습니다. 역시 피고는
배짱이 큰 인물이었군요. 그럼 유학을 마친 이후는 어땠습니까?

카이사르   로마로 돌아와 기원전 69년에 재무관 선거에 출마해 당
선되었다오. 당시 나는 알렉산드로스 대왕의 동상을 보고, 그가 세계
를 제패할 때와 같은 나이에 나는 아무것도 이룬 것이 없다는 사실을
깨닫고는 가슴을 치며 안타까워했다오. 그리고 반드시 성공하리라
다짐했소. 그래서 로마 공화국의 여러 직책을 맡으면서 공공 사업과
각종 경기를 열어 로마 시민의 마음을 얻기 위해 노력했다오. 이때부
터 차츰차츰 로마 민중으로부터 명성을 얻게 되었던 것이지.

김딴지 변호사   이의 있습니다, 재판장님! 카이사르는 대중의 인기를 얻기 위해 선심 쓰듯 돈을 썼습니다. 그래서 결국에는 자신도 감당할 수 없는 빚더미에 올라앉게 되었고요. 카이사르가 대신관을 뽑는 선거에 출마했을 때, 당선을 위해 얼마나 많은 돈을 빌려 썼던지 선거 당일 집을 나서면서 어머니에게 이런 말을 했다고 하더군요.

판사   궁금하군요. 카이사르는 뭐라 했나요?

김딴지 변호사   바로 "어머니, 제가 돌아올 때면 대신관에 당선되었거나, 아니면 아무것도 없을 것입니다."라고 말한 것이지요. 권력에 눈이 멀어 뒷일은 생각도 하지 않은 것이지요.

카이사르　　김딴지 변호사 말이 맞기는 합니다. 나에 대해 꽤나 자세히 조사했구려. 하지만 나는 결국 대신관직에 당선되었소. 그것은 로마 시민의 지지가 없었다면 불가능했던 것이오.

이대로 변호사　　피고는 이후 대신관직을 수행하며 반대파의 견제를 받았다고 하는데, 그때마다 매우 담대하고 당당하게 대응하셨다고 들었습니다. 기억나는 일화가 있나요?

카이사르　　음. 당시 카탈리나라는 사람이 로마 공화국을 장악하려 한다는 음모가 발각된 일이 있었소. 그러자 이를 처리하기 위한 회의가 원로원에서 시작되었지. 물론 나도 참석했다오. 그런데 회의 도중 누가 나에게 쪽지를 슬쩍 건네주는 것이었소. 이때 마침 평소 나를 못마땅해하던 마르쿠스 포르키우스 카토와 눈이 딱 마주쳤소.

이대로 변호사　　카토라는 인물이 그대로 지나치지는 않았겠군요.

카이사르　　물론이오. 그는 내가 반역자들과 몰래 통하고 있다며 그 쪽지를 회의장에서 큰소리로 읽도록 요구하는 것이 아니오? 나는 조용히 그 쪽지를 카토에게 넘겨주었소. 사실 그건 카토의 누이인 세르빌리아가 나를 연모하며 보냈던 연애 편지였는데 말이오.

이대로 변호사　　저런 저런, 참으로 망신스러웠겠군요.

카이사르　　카토의 얼굴이 무안함으로 달아오른 것은 두말할 것도 없지요. 어쨌거나 나는 카탈리나 반역 사건에 자꾸 휘말려 여러 차례 위험을 겪었지만 결국 내게는 아무런 죄가 없음이 밝혀졌습니다.

이대로 변호사　　그렇군요. 기록에 의하면 피고의 나이 41세인 기원전 59년, 피고는 결국 로마 공화국의 최고 권력자인 집정관에 당선되었는데요. 그 자리에 오르기까지 어떤 노력을 기울였나요?

카이사르　정치적 혼란이 소용돌이치는 로마 공화국 안에서, 나 혼자만의 힘으로 그렇게 되기는 힘들었을 거요. 일단 나는 내게 힘을 실어줄 수 있는 사람을 찾아보았소. 당시 큰 재력을 뽐내던 크라수스는 빚더미에 앉았던 나에게 적지 않은 도움이 되었지. 그리고 로마 시민의 지지를 한몸에 받던 폼페이우스와 힘을 합쳤다오. 폼페이우스는 나와 뜻이 맞는 부분이 있었거든. 그때 그는 원로원에 불만이 참 많았소. 자기가 거느렸던 군인들에게 식민지의 농토를 나눠주는 걸 원로원이 반대했으니 말이오. 그래서 우리는 서로 의지하며 힘을 키우기로 하였던 것이오.

이대로 변호사　크라수스, 폼페이우스, 그리고 카이사르! 이제 보니 이게 그 유명한 '삼두정치'를 말하는 거군요.

카이사르　그렇소. 삼두정치란 세 개의 머리, 즉 세 사람의 우두머리가 로마를 좌우하게 되었음을 뜻한다오. 나의 뛰어난 두뇌와 폼페이우스의 막강한 군사력, 그리고 로마 최고의 갑부였던 크라수스의 재력을 합하니 두려울 게 없더이다. 어느새 우리는 로마의 강력한 실력자가 되어 있었다오. 그리고 나는 우리의 **연대**를 보다 확실히 다지기 위해 내 딸 율리아를 폼페이우스와 결혼시켰소. 나와 폼페이우스는 장인과 사위의 관계가 된 것이었지.

김딴지 변호사　이의 있습니다, 재판장님! 카이사르, 폼페이우스,

연대
여럿이서 어떤 일을 함께 하기 위해 힘을 합치기로 약속하는 것을 뜻합니다.

제1차 삼두정치

우리는 로마 최고의 우두머리!

그렇죠. 장인어른~.

돈 걱정은 마시오! 하하하.

야합
좋지 않은 목적으로 서로 어울리는 것을 야합이라 합니다.

크라수스의 삼두정치는 한마디로 더러운 정치적 **야합**이었습니다.

이대로 변호사   그렇지 않습니다, 재판장님! 오히려 로마 원로원 귀족이야말로 나날이 인기가 높아지는 카이사르를 밀어내기 위해 매일 잔머리를 굴렸습니다.

카이사르   이대로 변호사의 말이 맞소! 하지만 가만 앉아 당하고 있을 내가 아니었지. 나는 폼페이우스의 도움을 받으며 원로원의 음모를 막아내고, 집정관 임기를 마치자마자 갈리아 속주의 총독에 임명되었소. 그래서 나는 네 개 군단의 지휘권을 얻게 되었지. 그리고 총독 임기는 1년이 아니라 5년으로 정해졌다오. 그 기간 동안 법정에 기소되는 것도 면제되었고 말이오.

김딴지 변호사　　재판장님! 그 같은 조치는 로마 공화정에서 한 번도 없었던 일이었습니다. 많아야 두 개 군단의 지휘권이 주어졌는데 카이사르에게만 네 개 군단의 지휘권이 주어진다는 것은 정말 말도 안 되는 일이었습니다. 게다가 보통 총독의 임기는 1년이었는데 5년 동안 재임한다니, 이런 식의 조치는 카이사르에게 막대한 권력을 넘겨주어 로마 공화정을 위기로 몰아넣는 결과가 되었습니다.

판사　　음. 삼두정치의 위력이 정말 대단했군요! 그렇다면 피고의 갈리아 총독 시절은 어땠나요?

카이사르　　▶갈리아에서 나는 수많은 적들과 힘겨운 전투를 벌였소. 그리고 주변의 다른 민족을 용감하게 무찌르며 우리 로마가 더욱 힘을 키워 나가는 데 큰 역할을 했소이다. 현재의 영국 땅까지 원정을 나갔으니 대단하지 않소? 그래서 나는 총독이 된 지 2년 만에 4개의 속주를 차지하고 여덟 개 군단을 지휘하게 되었지요.

판사　　음, 4개 속주를 아우르고 8개 군단을 지휘하는 총독이라……. 로마 원로원이 당연히 우려하고 견제할 만한 상황이었군요. 그런데 제가 알기로는 그 즈음 삼두정치가 무너지는 사건이 벌어졌다는데요. 그 점에 대해서 설명해 주시지요.

김딴지 변호사   그것은 장인, 사위 관계였던 카이사르와 폼페이우스의 결합이 깨지면서 시작되었다고 볼 수 있습니다. 바로 카이사르의 딸이자 폼페이우스의 아내인 율리아가 아기를 낳다가 죽는 일이 발생한 것이지요. 카이사르와 폼페이우스를 묶는 끈은 더 이상 없었습니다. 게다가 돈줄이 되었던 크라수스가 파르티아 원정에서 죽어 버리자 삼두정치는 무너질 수밖에 없었습니다.

판사   피고 카이사르는 정치적으로 커다란 타격을 받게 되었군요.

이대로 변호사   하지만 카이사르는 뛰어난 용맹으로 이 위기를 돌파했습니다. 바로 장군이던 베르킨게토릭스의 반란을 진압한 것이지요.

판사   그게 어떤 일이었죠? 좀 더 자세히 설명해 주십시오.

이대로 변호사   네, 재판장님. 카이사르는 갈리아 총독으로 지내며 이 지역을 웬만큼 손에 넣었다고 생각했습니다. 하지만 기원전 52년, 이곳의 베르킨게토릭스라는 인물이 갈리아 부족을 모두 모아서 로마의 지배에 대항하는 대규모 반란을 일으켰습니다. 카이사르가 이끄는 로마군이 5만 명, 갈리아군이 8만 명이었으므로 처음에는 카이사르도 많은 어려움을 겪었지요. 하지만 기원전 51년, 알레시아 전투에서 결국 갈리아의 반란 세력을 모두 진압했지요. 이로써 카이사르는 8년 동안의 갈리아 전쟁을 승리로 끝내고 엄청난 영토와 인구를 로마의 것으로 만들었습니다. 이는 당시 이름난 장군이던 폼페이우스의 군사적 명성을 저리 가라 할 만큼 위대한 업적이었습니다.

판사   음, 카이사르가 알레시아에서 거둔 승리는 정말 대단했군요.

이대로 변호사   맞습니다. 당시 카이사르의 갈리아 원정은 실로 위대한 군사적 승리였지요. 그때 카이사르가 이끌던 로마군이 갈리아 전쟁 기간 동안 3백만 명의 적과 맞서 싸워, 그 중에 1백만 명을 죽이고 나머지는 노예로 만들었습니다. 또한 3백 개에 달하는 갈리아 부족이 로마에 흡수되었으며 8백 개의 도시가 파괴되었지요. 오늘날의 프랑스와 영국 땅을 당시 로마의 속주로 만들고 게르만 족이 라인 강을 감히 넘을 수 없게 만든 것은 모두 카이사르의 빛나는 업적이라고 할 수 있습니다.

게르만 족
게르만 민족은 원래 발트 해 연안에 거주했는데 인구가 증가하자 점차 유럽 남쪽으로 이주해 왔습니다.

　그때 방청석에서 웅성거리는 소리가 들리기 시작했다.
　"우와, 정말 대단하군! 나 같으면 로마에 웅장한 개선문이라도 세워 줬을 텐데……."

판사   자, 정숙해 주십시오. 이로써 카이사르가 로마 공화국 안에서 점점 세력을 키우며 시민의 지지를 얻는 과정을 살펴보았군요. 양측 변호인 모두 수고하셨습니다. 그럼 둘째 날 재판에서 피고가 어떻게 원고 브루투스에게 암살당했는지를 살펴보겠습니다.

　땅, 땅, 땅!

카이사르와
알레시아 공방전

　알레시아는 오늘날 프랑스 중부 디종 부근에 위치한 곳으로, 카이사르가 지휘하는 로마 군단과 베르킨게토릭스가 이끄는 갈리아 부족 연합군이 서로의 운명을 건 전투를 벌였던 곳입니다. 갈리아 원정이 시작된 기원전 58년 이래 카이사르는 갈리아 부족들과 수많은 전투를 치르며 갈리아를 로마의 패권 아래 두려고 했습니다. 그러나 갈리아의 한 부족인 아르베니족의 새로운 족장이 된 베르킨게토릭스는 갈리아 부족 전체가 단합하여 로마로부터 자유를 찾기 위해 모두 일어날 것을 호소하였고, 이에 호응한 갈리아인들은 대대적으로 로마에 반기를 들게 됩니다.

　이로써 기원전 52년 9월 20일, 카이사르는 5만 명의 로마군 병력으로 베르킨게토릭스의 8만 명, 그리고 갈리아 증원군 26만 명의 군사와 맞서 전투를 벌이게 되었습니다. 로마군은 앞뒤에서 적군의 맹렬한 포위 공격을 받았고 이 공방전은 사흘 동안 치열하게 계속되었습니다. 카이사르는 가장 전투가 치열한 곳에 직접 병사를 이끌고 뛰어들어 싸우면서 갈리아군을 물리쳤고, 살아남은 갈리아 증원군은 퇴각하고 말았습니다. 다음날 베르킨게토릭스는 무기를 버리고 카이사르에게 항복하였지요. 이 전투에서 승리함으로써 카이사르는 갈리아 전체를 로마에 포함시킬 수 있었답니다. 알레시아 공방전은 카이사르의 천재적인 군사적 능력이 발휘된 전투였습니다.

다알지 기자

　시청자 여러분 안녕하십니까? 빛보다 빠르게 세계사법정의 소식을 속속들이 전해 드리는 법정 뉴스의 다알지 기자입니다. 오늘은 고대 로마를 주름잡았던 두 거물, 브루투스가 카이사르를 고발한 재판 첫 날이었습니다. 생전에 피고 카이사르가 원고 브루투스의 손에 암살당했기 때문에 오늘 양측의 눈빛은 그 어느 때보다도 날카로웠습니다. 먼저 원고 브루투스는 카이사르가 로마의 공화정을 무너뜨리고 독재자가 되어 로마를 쥐락펴락하려 했다며 소송의 이유를 밝혔습니다. 그래서 원고 자신이 암살범으로 비난받는 것에 대한 억울한 누명을 벗고 싶었던 것으로 보이는데요, 이에 따라 오늘 재판에서는 로마 공화정의 역사와 구조, 당시 시대상을 살펴보며 양측이 치열한 공방을 펼쳤습니다. 먼저 두 변호사의 첫날 재판 소감을 한번 들어볼까요?

김딴지 변호사

흠흠. 말씀하신대로, 첫날이라 그런지 기선 제압을 하느라 애를 먹긴 했습니다. 하지만 카이사르의 독재 의도를 낱낱이 밝히기 위한 순조로운 출발을 했다고 자부합니다. 우선 로마 사람들이 기원전 509년, 왕을 몰아내고 로마에 위대한 공화정의 깃발을 꽂기 시작한 순간부터 당시까지 이 체제를 지키기 위해 얼마나 많은 노력을 기울였는지 알릴 수 있어 뿌듯했습니다. 하지만 로마를 손아귀에 쥐고 싶어 한 피고 카이사르가 등장하면서 공화정은 뿌리째 흔들리기 시작했습니다. 로마 공화국 창건자의 후손인 우리 원고 브루투스가 피고를 암살했던 것도 무리는 아니었지요.

이대로 변호사

　허허. 오늘 첫 재판을 지켜보며 저는 앞으로
남은 재판은 할 필요도 없겠다 싶었습니다. 원고
측은 무조건 카이사르 때문에 로마의 공화정이 흔들
린 양 몰아세우더군요. 사실 로마의 공화정을 뒤흔든 건 원로원 귀족
들의 욕심과 권력 다툼 때문이 아니었습니까? 카이사르가 로마 시민
의 인기를 얻으며 나날이 성장해 나가자 자기들이 밀려날까 두려워 견
제한 것이 아니었는지요? 사실, 로마 공화정의 위기는 포에니 전쟁 이
후부터 시작되었습니다. 전쟁으로 많은 땅을 얻은 귀족들이 대농장을
경영하면서 노예를 부리고 자작농이 몰락하자 공화정의 기반이 무너
지기 시작한 것이죠. 그라쿠스 형제가 나서서 고쳐 보려고 했는데도
귀족들은 반대하지 않았습니까? 피고 카이사르에게 모든 책임을 씌우
는 건 비겁한 짓입니다.

카이사르의
집권과 몰락

1. 카이사르는 루비콘 강을 건너 정말 로마의 왕이 되려고 했을까?
2. 브루투스는 왜 카이사르를 죽였을까?
3. 클레오파트라는 왜 자살했을까?

카이사르는 루비콘 강을 건너
정말 로마의 왕이 되려고 했을까?

〈세계사법정 재판번호 013〉 원고 브루투스와 피고 카이사르의 두 번째 재판 날.

오늘은 지난 재판에 이어 피고 카이사르가 더할 것 없는 권력과 인기를 누리던 시절이 소개된다는 말에 법정은 수많은 방청객과 취재진이 구름처럼 몰려들었다.

법정에 들어서던 카이사르와 브루투스는 초반부터 기싸움을 벌였다.

"참, 천하의 카이사르가 법정에서 이게 무슨 꼴이람. 저 브루투스는 영혼 세계에 와서까지 나를 웃음거리로 만드는군."

"나도 못마땅하기는 마찬가지라고요."

판사　이번 재판에서는 로마의 속주에 나가 있던 피고 카이사르가 무장해제를 하지 않은 채 루비콘 강을 건넜다는 혐의에 대해 살펴보겠습니다. 오늘은 양측에서 모두 증인을 신청했군요. 원고 측 변호인 먼저 시작해 주시지요.

김딴지 변호사　네, 재판장님. 기원전 55년, 폼페이우스가 주도하는 원로원은 집정관 임기가 끝나가는 카이사르에게 군대를 해산하고 로마로 돌아올 것을 명령했습니다. 그리고 원로원은 카이사르가 다음 번 집정관 선거에도 또 출마하려 한다는 것을 알아채고 로마에 있지 않은 사람은 선거에 나올 수 없다고 말했지요. 이와 관련해 피고 카이사르에게 묻겠습니다. 피고는 그때 로마로 돌아갈 때 어떤 마음이었습니까?

카이사르　당시 로마에서는, 속주에서 임무를 마치고 로마로 돌아오는 장군은 **루비콘 강** 앞에서 모든 군대는 무장을 해제하고 혼자 강을 건너야 한다는 법이 있었소. 왜냐하면 루비콘 강을 건너면 바로 로마였는데, 그 강을 건넌다는 건 이제 로마에 입성한다는 뜻이었기 때문이죠. 그러므로 로마의 장군은 나라의 관문이 되는 루비콘 강 앞에서 전투에서 쓰던 장비를 놓고 와야 했다오. 아무와도 싸울 준비가 되지 않은 맨손으로 들어오는 것을 나라에 대한 충성으로 생각했던 것이오.

김딴지 변호사　다시 말해, 무장한 채 루비콘 강을 건너는 건 국가 반역을 의미했군요?

카이사르　그렇소. 그렇게 하면 명령에 복종하지 않고 **대역죄**를 저

루비콘 강
루비콘 강은 이탈리아 북동부에서 아드리아 해로 흘러 들어가는 강으로, 로마 공화정 말기에는 이탈리아와 속주인 알프스 남쪽의 갈리아 지역과 경계를 이루고 있었습니다.

대역죄
왕이나 부모를 죽이는 것처럼, 국가와 사회를 어지럽힐 만큼 매우 큰 죄를 뜻합니다.

지르는 것이 되었소. 나에게도 물론 예외는 아니었소. 하지만 나는 폼페이우스와 원로원이 나날이 커지는 내 힘을 두려워하며 나를 제거하려 한다는 사실을 잘 알고 있었소. 그래서 군대와 무기를 버리고 로마에 들어서는 것은 그들에게 내 목숨을 바치는 것이나 마찬가지였다고 생각했소. 나는 루비콘 강 앞에서 깊은 고민에 빠지지 않을 수 없었소. 고심 끝에 결국 내 인생을 건 도전을 하기로 결심했지. 기원전 49년 1월 10일. 나는 군대를 이끌고 무기를 버리지 않은 채 루비콘 강을 건너 로마로 진격했던 것이오. 그리고는 이렇게 외쳤지. "주사위는 던져졌다! 이후 일어나는 모든 문제는 이 칼이 해결해 줄 것이다!"라고 말이오.

"아아!"
방청석에서 깊은 탄식이 터져 나왔다.

김딴지 변호사　　재판장님! 우리는 여기서 카이사르의 정치적 야망이 얼마나 컸는지를 잘 알 수 있습니다. 카이사르의 행위는 로마 공화정의 입장에서 보면 명백한 군사 쿠데타였으며, 로마를 피비린내 나는 소용돌이로 몰아넣은 것이었습니다.

이대로 변호사　　이의 있습니다, 재판장님! 당시 피고로서는 어쩔 수 없는 선택이었습니다. 이 점을 잘 설명해 줄 분, 안토니우스를 증인으로 신청합니다!

판사　　네, 받아들입니다. 증인 안토니우스는 앞으로 나와 증인석

에 앉아 주시기 바랍니다.

　　판사의 말이 끝나자마자 번쩍이는 황금빛 투구를 쓰고 갑옷으로 무장한 안토니우스가 거침없이 법정 앞으로 걸어 나와 증인선서를 마치고 자리에 앉았다.

판사　　그럼, 증인 안토니우스는 간단히 자기소개를 해주세요.

안토니우스　　아, 역시 이곳 역사공화국에서도 카이사르의 인기는 대단하군요. 나는 생전에 카이사르의 부관으로 수많은 전쟁터를 누볐던 로마의 장군이었습니다. 그 유명한 이집트의 여왕, 클레오파트라와 인생 막바지에 불꽃같은 사랑을 나눴던 것으로 많이 알려져 있기도 하지요. 나는 카이사르의 갈리아 원정을 함께 했고 이후 카이사르가 루비콘 강을 건너 로마로 향할 때도 그의 곁에 있었습니다. 그리고 카이사르가 브루투스 일당에게 암살되자 그의 업적을 기리는 웅변을 하여 로마를 눈물바다로 적시기도 하였죠. 카이사르가 죽은 뒤 옥타비아누스, 레피두스와 더불어 로마의 떠오르는 샛별이 되어 '제2차 삼두정치'를 이끌기도 했습니다. 하지만 옥타비아누스와 사이가 벌어져, 기원전 31년 악티움 해전에서 맞붙었고 원통하게도 그에게 졌습니다. 옥타비아누스는 로마의 첫 번째 황제가 되었으며, 나는 결국 이집트에서 나의 사랑 클레오파트라와 목숨을 끊었지요. 나의 파란만장했던 일생을 몇 마디로 압축하려니 힘이 드는군요. 휴.

이대로 변호사　　그럼 증인은 누구보다도 카이사르를 잘 알고 계시겠네요?

안토니우스   그렇습니다. 나는 카이사르를 위해서라면 목숨도 아깝지 않던 사람입니다. 비록 옥타비아누스와의 권력 투쟁에서 패하여 역사의 무대에서 사라졌지만, 그를 따랐던 나의 선택에 대해서는 후회가 없습니다.

이대로 변호사   네. 말씀대로 증인은 카이사르의 오른팔이었으며 그의 충성스런 부하로 수많은 전투를 승리로 이끌었습니다. 그런데 증인은 카이사르가 무장한 채 루비콘 강을 건넌 것에 대하여 어떻게 생각하십니까?

안토니우스   내가 카이사르였어도 아무런 거리낌 없이 루비콘 강을 건넜을 것입니다. ▶카이사르와 원로원의 대립은 처절한 권력 투쟁이었고, 당시에는 그러한 싸움에서 승리하는 것만이 최선인 상황이었습니다. 그리고 8년 동안의 갈리아 원정을 승리로 이끌었는데도 우리에게 돌아온 것은 국가에 대한 반역이라는 누명뿐이었습니다. 그것은 곧 죽음을 뜻했습니다.

이대로 변호사   그때 증인의 심정은 어땠나요?

안토니우스   공화국 로마를 위해 목숨을 걸고 싸운 대가가 반역이라니! 나는 처음에는 기가 막히고 어이가 없었고, 나중에는 폭발하는 분노를 참을 수 없었습니다. 내가 그 정도였으니 카이사르의 심정은 어떠했겠습니까? 역사는 승자의 편이라는 말이 있듯이 법 또한 승자의 편이더군요. 카이사르의 용기 있는 결단으로 결국 그는 **종신** 독재

종신
일생을 다 마칠 때까지를 뜻합니다.

교과서에는

▶ 로마의 귀족층 내부에서는 권력과 부를 놓고 치열한 경쟁을 벌였습니다. 그래서 암투와 내란이 끊이지 않았고, 군단병을 거느린 군대의 지휘관들이 정권을 잡기도 했지요. 그런데 카이사르가 이를 수습하고 당시 로마 공화국의 정권을 장악하였습니다.

관의 자리에 올랐습니다.

그 순간 김딴지 변호사가 번쩍 손을 들었다.

김딴지 변호사   이의 있습니다, 재판장님! '독재관'이란 위기 상황이 발생하는 만약의 경우를 대비하여 로마 공화정이 만든 직책이었습니다. 전쟁처럼 나라의 운명이 걸린 비상사태가 발생하면 독재관을 뽑을 수 있었습니다. 이 순간에는 독재관에게 모든 권한을 넘겨주어 나라가 위기에서 재빨리 벗어나도록 했지요. 잠시 제가 증인께 질문해도 되겠습니까? 증인은 카이사르가 종신 독재관에 오른 것을 어떻게 보십니까? 그가 살아있는 동안에는 로마의 공화정이 멈추게 되는 셈인데요?

안토니우스   그것이 로마 공화정의 위기를 가져왔다고는 생각하지 않습니다.

김딴지 변호사   피고 카이사르가 스스로 종신 독재관의 자리에 올랐다는 것은 결국 공화정의 종말을 의미하는 것이었습니다. 카이사르가 공화국의 적이며, 국가의 반역자, 독재자라는 사실을 이보다 더 확실히 보여주는 증거는 없습니다.

안토니우스   흠, 글쎄요. 오히려 카이사르는 그 책임이 원로원에 있다고 보았습니다. 로마가 거듭된 전쟁에서 승리를 거두고 여러 나라와 민족을 지배하기 시작하면서 새로운 시대가 열렸습니다. 하지만 원로원은 여전히 같은 자리에 멈춰 있었죠. 새 술은 새 부대에 담아야 한다고, 이에 걸맞는 새로운 체제가 필요했는데 말입니다.

이대로 변호사   그 말은 즉, 원로원이 주도하는 공화정 체제는 수명이 다해 가고 있었다는 뜻이지요?

안토니우스   맞습니다! 나는 카이사르와 같은 탁월한 인물이 로마를 통치하는 것이 더 효율적이고 현명한 정치적 선택이라고 생각합니다. 그 점은 옥타비아누스가 **원수정**을 시작하여 실질적으로 로마의 초대 황제가 되면서 증명된 사실이기도 합니다.

이대로 변호사   네. 잘 들었습니다. 증인의 말처럼 카이사르는 스스로 왕이 되려 한 게 아니라, 원로원 중심의 공화정으로는 엄청나게 확대된 로마 제국을 통치하기가 어렵다는 판단에서 종신 독재관이 된 것이었습니다. 그것은 카이사르가 공화정의 외형은 그대로 유지하면서도 강력한 권력을 가진 탁월한 정치가가 로마를 통치하는 것이 더 현명하고 효율적이라는 확신에 따른 것이었습니다.

김딴지 변호사   이의 있습니다, 재판장님! 피고 측 변호인은 계속해서 카이사르의 독재를 미화하는 변론을 하고 있습니다.

판사   네, 그동안 피고 측의 변론을 충분히 들었다고 판단되므로, 이번에는 원고 측 변호인의 설명을 들어 보겠습니다.

김딴지 변호사   감사합니다. 지금부터 피고 카이사르가 무기를 버리지 않은 채 루비콘 강을 건넌 것이 얼마나 그의 권력욕을 잘 보여 주는지, 또 이로써 로마 공화정이 얼마나 위태로워졌는지 낱낱이 파헤쳐 보겠습니다. 폼페이우스를 증인으로 신청합니다.

원수정

원수정이란 고대 로마에서 카이사르가 죽고난 뒤, 옥타비아누스가 권력을 잡으며 수립한 정치체제입니다. 공화제의 전통을 살리며 동시에 황제가 통치하는 방식으로, 황제는 '제1인자' 또는 '원수'라고 불리며 원로원과 함께 의논하며 나라를 다스리는 것을 의미합니다.

2

브루투스는 왜
카이사르를 죽였을까?

　　재판장이 증인을 부르자, 법정 안으로 걸어오고 있는 폼페이우스
에게 방청객의 눈길이 쏠렸다. 붉은 깃털이 달린 황금빛 투구를 쓰
고 무장을 갖춘 폼페이우스는 거침없이 증인석으로 나와 선서를 한
후 자리에 앉았다. 카이사르의 눈빛은 날카로워졌고, 폼페이우스는
고개를 휙 돌리며 이를 모른 척했다.

김딴지 변호사　　증인 폼페이우스는 지난 재판을 통해 이미 몇 번 소
개가 된 분입니다. 카이사르, 크라수스와 함께 삼두정치를 실시하며
피고 카이사르의 딸과 결혼한 적도 있지요. 결국 피고와의 사이는
나빠졌지만 말입니다. 그리고 카이사르가 군대를 이끌고 루비콘 강
을 건넌 이후에는 원로원과 함께 로마 공화정을 지키기 위해 카이사

르와 운명을 건 대결을 펼쳤던 분입니다. 먼저 증인의 카이사르에 대한 평가를 듣고 싶습니다.

폼페이우스　흠. 카이사르가 갈리아 전쟁을 승리로 이끌기 전까지 로마에서 나만큼 눈부신 군사적 성공을 거둔 사람은 없었소. 하지만 나도 카이사르가 뛰어난 두뇌와 원대한 야망을 가진 정치가라는 사실은 잘 알고 있었소. 그래도 갈리아에서 그렇게 성공적으로 전쟁을 승리로 이끈 사실에 큰 충격을 받았지. 카이사르와 내가 친구가 된다면 로마에는 평화가 깃들겠지만, 만약 우리가 서로 적이 된다면 세상은 전쟁의 먹구름으로 뒤덮일 것이라는 불길한 생각이 든 것도 사실이오. 그러나 불행하게도 우리는 적이 되어 서로의 심장에 칼을 겨누게 되었소.

김딴지 변호사　음, 그렇다면 증인은 카이사르가 무기를 버리지 않고 루비콘 강을 건넌 것에 대해서는 어떻게 보십니까?

폼페이우스　사실, 당시 원로원은 어떻게든 카이사르를 제거하고자 했소. 카이사르도 그 사실을 잘 알고 있었소. 무장을 해제하고 로마로 들어오라는 원로원의 최종 명령은 그에게 선전포고나 다름없었지. 이제와 생각해 보면 그때 카이사르에게 다른 대안이 없었을 것 같기도 하구려. 하지만 그의 결정은 무수히 많은 사람의 피를 흘리게 했고, 역사의 물줄기마저 바꿔 놓았지. 그때 원로원은 카이사르를 없애버릴 궁리만 하지 말고 그를 설득해 원로원의 일원으로 받아들여야 했소. **미네르바**의 올빼미는 해가 져서야 난다는 말이 있긴 하지만 다 지나서 이게 무슨 소용이겠소?

미네르바
로마 신화에 나오는 지혜의 여신입니다.

김딴지 변호사　　그러면 증인은 피고 카이사르가 권력을 포기해야 했다고 보십니까?

폼페이우스　　바로 그것이오. 한때 나의 장인이기도 했지만, 카이사르의 야망은 너무 지나쳤소! 그는 갈리아 정복 이후 평범하게 원로원의 한 사람으로 돌아왔어야 했소. 원로원 중심의 로마 공화정에서 카이사르에게 기대한 역할은 거기까지였으니까…….

김딴지 변호사　　그러면 증인은 무장한 채 루비콘 강을 건너 로마에 들어온 카이사르에게 어떻게 했나요?

폼페이우스　　나와 원로원 의원들은 국가 반역죄를 저지른 카이사르를 가만 둘 수 없었소! 그래서 일단 그리스로 후퇴하여 힘을 기르며 카이사르와의 한판 승부를 준비했지. 그것이 바로 '파르살루스 전투'였소. 하지만 원로원 측에서 군사작전에 어찌나 간섭을 많이 하던지, 거 참! 전쟁하면 나, 폼페이우스인데 말야! 쯧쯧. 하여간 그 전투에서 나는 카이사르에게 원통하게 지고 말았소. 날짜도 잊을 수 없구려! 그게 바로 기원전 48년 8월 9일이었소! 결국 나는 이집트로 도망갔다 비참한 최후를 맞이했지.

김딴지 변호사　　그랬군요. 정말 이곳에 오신 분들은 다들 사연이 많으십니다.

폼페이우스　　이제 다 지난 일 아니오? 내가 죽은 후 카이사르도 4년밖에 더 못 살았으니 지금은 그다지 억울하지도 않습니다. 흠.

김딴지 변호사　　그런데 피고 측 변호인에 의하면 카이사르는 원로원 중심의 로마 통치가 한계에 이르렀고 새로운 통치 체제가 필요하

다고 했는데요. 그 점에 대하여 증인의 생각은 어떻습니까?

폼페이우스　　나는 당연히 원로원이 중심이 되어 로마를 이끌어 가야 한다고 생각하는 사람이오. 당시 카이사르와 원로원이 서로의 입장을 이해하고 정치적인 타협을 통하여 문제를 해결했다면 카이사르의 주장도 원로원의 정책에 반영되었을 것이오. 타협이 성공했다면, 그 후로도 로마는 원로원이 중심이 되어 한 단계 발전된 공화정 체제가 계속되었을 것이오.

김딴지 변호사　　네, 감사합니다. 재판장님, 증인의 진술을 거듭 살펴주시길 바랍니다. 그리고 이를 더욱 확실히 뒷받침해 줄 증인 한 분을 더 신청합니다. 로마 공화국의 위대한 수호자, 카토를 모셨으면 합니다.

김딴지 변호사는 이제야 뭔가 주도권을 쥔 느낌이었다.

판사　알겠습니다. 양측의 공방이 점점 뜨거워지는군요. 그럼 증인 카토, 앞으로 나와 주시기 바랍니다.

김딴지 변호사　증인은 생전에도 그랬지만 오늘날까지도 많은 이들에게 공화국의 수호자로 존경받고 있는 분입니다. 카이사르가 루비콘 강을 건넌 이후 로마는 내전 상태로 빠지게 되는데, 증인은 이러한 카이사르의 정치적 행위를 어떻게 평가하십니까?

카토　카이사르는 누가 뭐래도 자신의 정치적 야망을 위해 공화국을 파괴한 반역자라는 것이 한결같은 나의 신념입니다. 역사공화국 영혼이 된 지 2천 년이 지나도 내 생각은 변하지 않아요.

김딴지 변호사　네. 그럼 앞서 증인 폼페이우스가 말씀했듯이, 카이사르가 '파르살루스 전투'에서 승리를 거둔 후 증인은 어떤 정치적 결정을 내렸나요?

카토　카이사르에게 패한 폼페이우스가 이집트로 도망갔다가 결국 죽음을 당하자, 나는 카이사르에 대항하여 공화국을 지켜낼 희망을 잃었습니다. 카이사르는 이집트를 정복하고 탑수스 전투에서마저 승리함으로써 공화파의 마지막 저항을 무너뜨렸지요. 카이사르는 항복하면 목숨만은 살려주겠다고 했지만, 나는 비굴하게 목숨을 구걸하기보다는 공화국을 위해 명예롭게 목숨을 끊기로 결심했습니다.

김딴지 변호사　당시 증인이 자결했다는 소식을 듣고 공화정을 지지하는 로마인들은 큰 충격에 빠졌습니다. 괜찮으시다면 증인의 자결 상황을 좀 더 구체적으로 증언해 주시겠습니까?

카토　만약 카이사르에게 항복하지 않고 도망갔다면 나는 목숨을 건질 수 있었습니다. 그러나 그렇게 치욕적인 삶이 내게 무슨 의미가 있겠습니까? 나는 방에서 칼을 뽑아 내 가슴에 힘껏 찔렀습니다. 그리고는 고통에 신음하다가 침대에서 굴러 떨어졌지요. 아, 아직도 가슴을 꿰뚫던 그때의 통증이 생생하군요. 내가 괴로워하는 소리를 듣고 아들과 친구들이 급히 달려왔습니다. 그때 나는 이미 창자가 밖으로 나와 피투성이가 되어 있었어요. 의사가 황급히 달려와 창자를 다시 뱃속으로 밀어 넣고 급히 상처를 꿰매려고 했습니다. 그러나 나는 의사를 밀쳐내고 두 손으로 창자를 다시 끄집어 내던져 죽음을 맞이했습니다. 나에게는 명예가 목숨보다 중요한 것이었지요. 요즘 현대인들은 조금 이해하기 어려울지도 모르겠습니다.

김딴지 변호사　존경하는 재판장님! 이렇게 증인은 명예로운 죽음을 선택함으로써 공화국을 끝까지 지키려고 했습니다. 사람들은 카토의 숭고한 정신을 기리고자 '카토주의'라는 말을 쓰기도 했습니다. 공화주의자 키케로는 『카토(Cato)』라는 책을 써서 증인을 칭송했지만 지금은 전해지지 않는 것이 매우 안타깝습니다.

유언비어
아무 이유도 없이 떠도는 소문
입니다.

이대로 변호사　　아니, 김딴지 변호사, 권력 투쟁에서 밀려
나 자결한 것이 무슨 숭고한 죽음입니까? 카이사르 역시
카토에 반대하는 『안티 카토(Anti-Cato)』라는 책을 썼습니
다만, 그 책 역시 오늘날 전해지지 않는 것이 매우 유감이군요! 거기
서 카이사르는 카토를 탐욕스런 술주정뱅이라 말했습니다.

김딴지 변호사　　유언비어로 가득찬 그 책에 대해선 말도 마십시오.
증인을 그런 식으로 모욕해서는 안 됩니다, 이대로 변호사!

이대로 변호사　　뭐, 카이사르가 『안티 카토』에서 그렇게 주장했다는 말입니다. 어쨌든 여기에서 우리는 '카토주의'라는 말의 뜻을 정확히 이해할 필요가 있습니다. 카토는 공화국을 '로마 시민이 공적으로 공동 책임을 져야 한다'는 뜻으로 파악했습니다.

김딴지 변호사 그 말이 뭐가 문제입니까?

이대로 변호사 카토의 말을 자세히 살펴보면, 로마 공화국이란 로마 시민을 대표하는 원로원 의원의 공동 소유물이라는 뜻을 가지고 있습니다. 따라서 로마 시민의 자유라는 것도 따지고 보면 공화국에서 사는 시민 전체의 자유가 아니지요. 이 말은 원로원이 로마의 공직과 나랏돈을 마음대로 처리할 수 있다는 뜻이었습니다. 카토는 철저하게 **엘리트주의**에 물든 공화파 원로원 귀족임을 알 수 있는 것이죠. 이상입니다!

카토 잠시만요. 피고 측 변호인은 나를 엘리트주의에 물든 공화주의자라고 비난하는데, 사실 로마가 발전한 것은 나같은 원로원 귀족의 공이 컸기 때문입니다. ▶원로원이 힘들게 이룩한 로마의 공화정을 무너뜨리고 스스로 왕이 되려고 한 카이사르야말로 로마의 반역자요, 공공의 적이었던 것입니다. 그래서 원고 브루투스가 카이사르를 암살한 것이지요!

브루투스 옳소! 옳소!

그때까지 차분히 재판을 지켜보던 브루투스가 더 이상은 참지 못하겠다는 듯 목소리를 높였다.

엘리트주의
높은 교육을 받은 소수의 엘리트가 나라를 통치해야 한다고 생각하는 것을 의미합니다.

교과서에는

▶ 카이사르는 힘을 키워 정권을 잡았지만, 그가 왕이 되어 전제주의를 펼친다는 소문이 로마에 퍼지자 이것을 견제하려는 귀족들의 음모로 암살당했습니다.

브루투스　지금까지 김딴지 변호사와 우리 측 증인들이 매우 잘 설명해 주셔서 내가 군이 나설 필요가 없었습니다. 하지만 이것만은 꼭 말해야겠군요. 나는 내가 사랑하는 조국, 로마의 기틀을 흔드는 자라면 누구라도 용서할 수 없었습니다. 카이사르라는 독재자의 등장은 로마 공화정의 큰 위협이었지요. 나는 로마를 카이사르의 독재로부터 해방시켜야 하는 막중한 역사적 사명을 갖고 있었습니다!

판사　자, 잠시 정리를 하겠습니다. 증인 카토는 진술을 마쳤으면 퇴장하셔도 됩니다. 그리고 원고 브루투스가 피고 카이사르를 암살하던 상황을 좀 더 살펴보겠습니다. 원고, 그때가 정확히 언제였지요?

브루투스　기원전 44년 3월 15일이었습니다. 장소는 원로원 회의장 입구였습니다.

판사　그때 현장의 모습을 좀 묘사해 주시지요.

브루투스　그때 나는 14명의 귀족들과 함께 카이사르를 둘러싸고 단도를 휘둘렀습니다. 카이사르는 곧 칼에 맞고 쓰러졌지요. 사실 카이사르는 생전에 나를 아들처럼 많이 아꼈고, 내가 위기에 빠졌을 때 도와주기도 했습니다. 그래서 나도 씁쓸한 마음이 들기는 했습니다. 죽어가는 카이사르가 나를 발견하고 "브루투스, 너마저……!"라고 외치던 순간엔 그의 눈을 피하고 싶었지요. 하지만 나라를 위기에서 구해야 하는 내가 그런 감상에 젖을 수만은 없었습니다.

　　그때 피고석에 앉아 있던 카이사르가 자리에서 벌떡 일어나며 소리쳤다.

카이사르의 암살

카이사르   브루투스! 이 배은망덕한 놈! 내가 너를 그렇게 아꼈건만. 모두들 다 들으셨지요? 나는 그때 저들의 칼에 스물세 군데나 찔려 목숨을 잃고 말았다오.

판사   자자, 진정하십시오. 지금 논의하고 있는 게 워낙 예민한 상황이라 모두 감정이 격해졌나 봅니다. 모두들 재판에 차분히 임해줄 것을 요청합니다. 원고, 계속하세요.

브루투스   나중에 의사가 부검하기를 그의 가슴을 두 번째로 찌른 칼날이 치명적인 일격이었다고 합니다. 거사를 치른 뒤 나는 로마 시민 앞에 나가 이렇게 소리쳤습니다. "로마인이여, 우리는 다시 자유로워졌다!"

간척 사업
육지 근처의 호수나 바다의 물
길을 막아 땅으로 만드는 작업
을 뜻합니다.

항만 공사
배가 육지에 안전하게 머물 수
있도록, 바닷물이 육지 쪽으로
흘러 들어가는 곳에 항구를 만
드는 공사입니다.

판사   그때 로마 시민의 반응은 어땠나요?

이대로 변호사   재판장님, 그건 제가 말씀드리겠습니다. 원로원에서 카이사르가 암살당했다는 소문이 퍼지면서 로마 시민은 각자 자기 집 문을 걸어 잠그고 밖으로 나오지 않았습니다. 카이사르를 암살한 자들에게 등을 돌리고 침묵으로써 카이사르에게 애도를 표했던 것이지요. 이래도 로마 시민들이 키케로, 카토, 브루투스의 편이었다고 말할 수 있겠습니까? 그래서 원고 브루투스는 화가 난 카이사르 지지자들과 싸우다 힘에 부치자 자살한 것 아닙니까?

김딴지 변호사   지금 피고 측 변호인은 마치 모든 로마 시민이 브루투스의 행동을 비난한 것처럼 찬성하지 않았다는 듯 말하고 있군요. 하지만 그것은 사실이 아닙니다. 또한 당시 상황에 대한 사람들의 인식과 이해가 충분하지 않아서 그렇기도 했습니다. 원고 브루투스의 마음을 알아주었다면 그렇게까지 하지는 않았을 텐데요!

이대로 변호사   존경하는 재판장님! 로마 시민이 카이사르를 암살한 브루투스 일당에게 등을 돌린 것은 당연한 일이었습니다. 로마 시민은 카이사르를 '창조적 천재'라 부를 만큼 그를 믿고 존경했으니까요. 그만큼 카이사르가 이룩한 업적은 대단한 것이었습니다.

판사   대단한 업적이라? 그래 어떤 것들인가요?

이대로 변호사   카이사르는 로마로 돌아와 과감한 개혁을 실시했습니다. 로마 속주의 확대, 대규모 **간척 사업**, **항만 공사**, 도로 건설, 빈민 구제 사업 등 일일이 나열하기도 힘들만큼 많은 일을 했습니

다. 한편으로 이집트로부터 도입한 **역법**을 기초로 율리우
스력이라는 새로운 역법을 만들어 시행했습니다. 무엇보
다도, 카이사르는 당시 로마의 현실을 냉철하게 꿰뚫고 있
었습니다. 도시 국가에서 시작하여 세계 제국으로 발전한
로마를 통치할 수 있는 것은 자신과 같은 출중한 지도자에 의해서만
가능하다는 사실을 말입니다.

판사 네, 양측의 변론 잘 들었습니다. 그러면 피고 카이사르가 죽
은 뒤, 로마는 어떻게 되었나요? 제가 갖고 있는 기록에 의하면, 결
국 공화정은 무너지고 황제가 등장했다고 나와 있습니다. 이 과정을
잠시 짚어 봐야 할 것 같습니다.

이대로 변호사 네, 궁금해 하실 줄 알고 매우 특별한 증인을 모셨
습니다. 아마 다들 깜짝 놀라실 걸요? 바로 이집트의 여왕 클레오파
트라입니다!

역법
달력을 만들듯이, 계절과 시간의
변화를 고려해 매 해와 하루 시
간을 정하는 방법을 의미합니다.

왔노라. 보았노라. 이겼노라!
(Veni. Vidi. Vici!)

무장한 채 루비콘 강을 건넌 카이사르와 폼페이우스는 '파르살루스 전투'를 벌입니다. 그런데 카이사르가 이기자 폼페이우스는 이집트로 몸을 숨겼습니다. 카이사르도 곧 뒤쫓아 갔지요. 하지만 카이사르가 이집트에 도착하기도 전에 폼페이우스는 죽어 있었습니다. 이집트 왕의 고문으로 가 있던 로마의 장군이 카이사르에게 잘 보이기 위해 그의 정적인 폼페이우스를 암살하였던 것입니다.

그러나 카이사르는 암살한 장군을 엄히 처벌하고 폼페이우스의 장례를 후하게 치러 주지요. 그래서 폼페이우스의 지지자들까지 자신의 편으로 흡수하는 성과를 얻습니다. 그리고 이때 이집트의 여왕 클레오파트라를 만나 아들 카이사리온을 낳지요.

카이사르는 이후 소아시아 지역에 원정을 나가 큰 승리를 이끌어 냅니다. 현재의 터키 지역에서 폰투스 왕을 격렬한 싸움 끝에 물리치고 최고 승자로 거듭나게 되지요. 카이사르는 원래 복잡한 상황을 매우 호소력이 짙은 말 몇 마디로 압축해 대중을 감동하게 만드는 말솜씨를 지녔다고 합니다. "주사위는 던져졌다."나 "브루투스, 너마저!"라는 말만 봐도 알 수 있지요. 당시 소아시아 지역을 평정한 직후 카이사르가 로마 원로원에 보낸 보고서에는 이렇게 단 세 마디만이 적혀 있었답니다.

"왔노라. 보았노라. 이겼노라(Veni. Vidi. Vici.)."

왜 카이사르는 루비콘 강을 건넜을까?

3

클레오파트라는 왜
자살했을까?

"클레오파트라라고? 중국 제일의 미녀 양귀비도 울고 가게 할 정도로 이름난 미인이라 하던데, 이거 기대되는걸?"

"쳇, 아무리 예쁘다한들 내 미모를 쫓아오긴 힘들걸."

책이나 영화에서만 보던 클레오파트라가 재판정 안으로 우아하게 들어오기 시작했다. 그녀의 눈빛과 태도에는 기품이 넘쳐흘렀고 갑자기 실내가 환해지는 듯했다. 오똑한 콧날은 하늘을 찌를 것 같았고 윤기가 흐르는 검은 머릿결과 이집트의 태양빛을 머금은듯한 구릿빛 피부는 클레오파트라를 한층 더 빛내 주었다. 이윽고 그녀가 증인석에 앉아 증인 선서를 시작했다.

클레오파트라　　나, 고대 이집트의 여왕 클레오파트라는 여왕의 품

위에 걸맞게 오직 진실만을 말할 것을 선서합니다.

이대로 변호사   증인, 이렇게 나와 주셔서 정말 감사합니다! 어려운
걸음 해주셨습니다.

클레오파트라   모처럼의 바깥 나들이라, 나도 설레는군요. 한때 나
를 목숨 바쳐 사랑했던 안토니우스를 증인 대기실에서 만나니 반갑
기도 했고요. 아, 저기 피고석에 앉아 계신 분도 그 중 한 명이었지요,
아마? 후훗.

  카이사르가 회상에 젖은 눈빛으로 클레오파트라를 바라보았다.

이대로 변호사　증인은 이집트의 왕 프톨레마이오스 13세의 친누나이자 아내였습니다. 당시 지중해 세계를 호령하며 로마의 두 거물, 안토니우스와 카이사르의 마음을 사로잡기도 했지요. 로마의 역사가 플루타르크는 증인에 대해 이렇게 묘사했습니다.

판사　궁금하군요. 뭐라 말했나요?

이대로 변호사　판사님도 역시 미인에게는 약하신가 봅니다. 재촉까지 하는 걸 보니요.

판사　그게 아니라 나는 재판을 빠르게 진행하고자…….

이대로 변호사　하하. 플루타르크는 이렇게 말했습니다. "도대체 거부할 수 있는 것은 아무것도 없었다. 그녀의 외모와 말씨는 사람을 끌어들이는 힘이 있었다. 모든 행동과 말 하나하나에도 특별한 힘이 배어 있었다. 따라서 그녀와 접촉하는 사람은 누구를 막론하고 그녀의 마법과도 같은 힘에 굴복하지 않을 수 없었다."라고요.

클레오파트라　호호, 그런 찬사는 사실 많이 들어봤지요.

이대로 변호사　그런데 증인은 피고 카이사르와 어떻게 알게 된 사이입니까?

클레오파트라　아까 폼페이우스가 증인으로 나와 잠시 설명했듯이, 카이사르는 루비콘 강을 건너와 폼페이우스와 한판 승부를 벌이게 되었습니다. 폼페이우스는 카이사르의 힘에 눌려 이집트까지 도망치는 신세가 되었습니다. 카이사르도 곧 쫓아왔지요. 하지만 폼페이우스가 이미 살해당했다는 것을 알고 원통해 했습니다. 일이 이렇게 되자 카이사르는 적이었음에도 불구하고 폼페이우스의 장례를 성대하게 치러주어 폼페이우스 지지자의 마음을 사로잡았습니다. 역시 카이사르는 사람을 다룰 줄 알았지요. 그리고는 나를 찾았습니다. 그때 나는 동생이자 남편인 프톨레마이오스 13세와 권력 다툼을 벌이며 위험한 상황에 놓여있었습니다. 하는 수 없이 나는 아무도 몰래 카이사르를 만나기 위해 양탄자로 내 몸을 둘둘 말게 했어요.

이대로 변호사   아니, 양탄자에 숨었다는 말씀인가요?

이때 갑자기 카이사르가 말문을 열었다.

카이사르   그건 내가 말해주겠소. 그때 이집트 왕실에서 선물을 보냈다기에 뭔가 하고 보니 아름다운 양탄자였소. 그런데 그걸 펼쳐보니 양탄자보다도 더 아름다운 이집트 여왕이 모습을 드러내는 것 아니오? 나는 클레오파트라의 미모에 놀라면서도 한편으로는 그녀의 재치와 용기에 감탄하였다오. 이러니 어찌 내가 그녀에게 반하지 않을 수 있었겠소?

이대로 변호사   그랬군요. 증인과 카이사르 사이에 생긴 '카이사리온'이라는 아이는 그때 태어난 것인가요?

클레오파트라   그렇습니다. 카이사리온이란 카이사르의 아들이라는 뜻의 이름이었죠. 하지만 카이사르가 브루투스의 손에 죽자 나는 매우 절망했습니다. 그는 나의 든든한 후원자이자 연인이었기 때문이었죠. 그런데 그때 로마에서는 옥타비아누스와 안토니우스가 카이사르의 후계자 자리를 놓고 경쟁하고 있다는 소식을 들었어요. 나

에게 새로운 기회가 찾아 온 것이지요.

이대로 변호사   안토니우스를 만나게 된 사건을 의미하는 것인가요?

클레오파트라   그렇습니다. 안토니우스는 옥타비아누스보다 능력
이 뛰어나다는 걸 보여주기 위해 동방 원정에 나섰습니다. 그리고
도중에 나를 만나고 싶다는 전갈을 보내왔어요. 그는 나에게 최고로
아름다운 모습으로 나타나 줄 것을 요구했습니다. 하지만 난 이 요
청을 몇 번 거절했답니다.

이대로 변호사   대체 왜 그랬지요? 안토니우스라면 당시 최고의 권
력자였는데요?

클레오파트라　　후훗. 예나 지금이나 남자들은 다 똑같습니다. 최대한 애를 태워야 하지요. 만나자고 했다고 바로 달려 나간다면 무슨 매력이 있겠어요? 그래서 나는 안토니우스를 계속 기다리게 만들어 나에 대한 기대감을 한껏 높인 뒤에야 발걸음을 옮겼답니다.

이대로 변호사　　아, 역시 증인은 대단하셨군요. 그런데 제가 갖고 있는 기록에는 이런 말이 있습니다. "안토니우스에게 최후의 재앙을 장식해 준 것은 바로 클레오파트라와의 사랑이었다."라고요. 이게 무슨 뜻이지요?

클레오파트라　　사실 우리의 사랑은 비극으로 끝났습니다. 나의 아름다움과 이집트 왕궁의 화려함으로 그의 마음을 얻는 것은 성공했으나, 역사의 흐름이 우리를 가만 놔두지 않았지요. 사실 안토니우스는 옥타비아누스의 여동생과 결혼한 사이였습니다.

이대로 변호사　　아니, 두 사람은 권력 다툼을 벌이지 않았습니까? 그런데 왜 옥타비아누스가 자신의 누이를 정적이었던 안토니우스에게 시집보낸 것이죠? 그리고 또, 그런 안토니우스가 증인과 사랑에 빠졌을 때 옥타비아누스는 이를 가만 놔두었나요?

클레오파트라　　궁금한 게 많으시죠? 두 사람은 서로 권력을 놓고 경쟁했지만, 때로는 협력도 하며 힘을 키웠던 모양입니다. 그러니 둘 사이에 인척 관계를 맺었던 것이겠지요. 하지만 안토니우스가 내게 반해 자신의 아내와 이혼하면서 상황은 더 나빠졌습니다. 옥타비아누스가 참을 수 없다고 화를 내며 나와 안토니우스를 쳐들어 온 것입니다. 그게 바로 ▶악티움 해전입니다. 어쩌면 옥타비아누스는

자기 누이를 진심으로 걱정했다기보다 그걸 구실로 삼아
권력을 차지하려 했을지도 모릅니다. 그는 안토니우스를
제거할 명분을 찾기 위해 호시탐탐 노리고 있었거든요.

이대로 변호사　　카이사르를 사로잡은 클레오파트라, 그
리고 안토니우스를 차지한 클레오파트라, 이거야 정말 역
사적 불륜, 아니 역사적 로맨스로군요. 하핫.

클레오파트라　　그런가요? 휴. 하지만 안토니우스는 옥타비아누스
와의 싸움에서 지고 말았어요. 옥타비아누스가 뛰어난 능력을 지닌
아그리파 장군을 데려와 훌륭한 전술을 펼쳤기 때문이지요. 옥타비
아누스는 나와 안토니우스를 산 채로 잡아들일 것을 명령했습니다.
자기가 로마에 승리자로 입성하며 화려한 개선식을 펼칠 때, 우리를
로마 시민 앞에 구경거리로 만들 셈이었던 것이죠. 하지만 나나 안
토니우스나, 밧줄에 묶여 옥타비아누스의 승리를 돋보이게 해 줄 제
물로 바쳐질 마음은 눈꼽만큼도 없었습니다! 그래서 결국 안토니우
스가 먼저 목숨을 끊었지요. 그의 시체를 묻으며 나는 얼마나 많은
눈물을 쏟았는지 모른답니다.

이대로 변호사　　그때 증인은 이미 안토니우스를 따라 죽
을 결심을 했었나요?

클레오파트라　　물론입니다. 언제나 나는 여왕다운 최후
를 맞이하기 위해 독약을 준비해 놓곤 했습니다. 나에 대
한 옥타비아누스의 감시는 점점 더 심해졌고, 어느 날 나
는 내 운명이 다했음을 느꼈습니다. 그리고 나는 안토니우

아그리파
로마의 장군 및 정치가로, 옥타
비아누스가 황제가 되는 데 큰
도움을 준 인물이지요. 지리에도
뛰어난 능력을 보여 세계지도 작
성에 기초를 닦았다고 합니다.

교과서에는

▶ 옥타비아누스는 기원전
31년 악티온 해전에서 안토
니우스와 클레오파트라의
연합군을 무찌르고 로마 제
국의 황제로 올라, 로마의
제정 시대를 열었습니다.

스의 묘에 가 이렇게 말하며 눈물 흘렸지요. "오, 사랑하는 안토니우스여! 당신은 이제 죽어서 자유롭지만, 나는 포로의 몸이 되었습니다. 당신에게 드리는 이 마지막 참배도 옥타비아누스의 경비병이 감시하고 있군요. 왜냐고요? 나의 슬픔과 수치심으로 이 목숨을 스스로 끊어, 저들의 승리연에 축하의 재물로 쓰이지 못할까 두려워서이지요!"

방청객들은 숨을 죽이고 클레오파트라를 지켜보았다. 그녀는 과연 명성대로 위엄을 잃지 않고 꼿꼿한 자세로 말을 이었다.

클레오파트라　　그리고 나는 옥타비아누스에게 편지 한 통을 썼어요. 나를 안토니우스 곁에 묻어달라고……. 옥타비아누스는 내 뜻을 따라줬지요. 그래서 우리 둘은 함께 묻혔답니다. 하지만 아직도 그 무덤이 어디 있는지 아무도 찾지 못했다면서요? 우리는 그렇게 바람 속의 먼지처럼 역사 속으로 사라졌지요.

이대로 변호사　　아, 그렇군요! 그리고 경쟁자를 제거한 옥타비아누스는 이제 로마 최고의 권력자가 되었겠네요?

클레오파트라　　그렇습니다. 카이사르가 생전에 이미 그가 원하든 원하지 않았든, 로마를 절대 권력자가 다스리는 나라로 기반을 다져 놓았기 때문에 더 이상 옥타비아누스를 견제할 사람은 아무도 없었습니다. 로마의 공화정이 무너지고 황제가 나라를 다스리는 제정 시대로 넘어가는 역사적 순간이었지요.

이대로 변호사   증인, 나와 주셔서 감사했습니다. 덕분에 피고 카이사르가 죽은 뒤 로마에 어떻게 황제가 등장했는지 잘 살펴볼 수 있었습니다. 이상입니다.

왜 카이사르는 루비콘 강을 건넜을까?

휴정 인터뷰

다알지 기자

　시청자 여러분 안녕하십니까? 빛보다 빠르게 세계사법정의 소식을 속속들이 전해 드리는 법정 뉴스의 다알지 기자입니다. 오늘 두 번째 재판은 정말 굵직한 사건과 인물들이 대거 총출동하였습니다. 바로 피고 카이사르의 암살 상황에 대한 잇따른 증언이 있었는데요, 사건의 주인공인 원고 브루투스와 안토니우스가 그때의 모습을 직접 전해주었지요. 그리고 카이사르가 죽은 뒤 로마에서 벌어진 치열한 권력 다툼을 이집트의 여왕 클레오파트라가 나와 증언해주었습니다. 아, 저기 재판을 마치고 법정을 나서는 두 분 변호사의 모습이 보이는데요, 오늘 재판에 대해 어떻게 생각하는지 한 번 여쭤보겠습니다. 김딴지 변호사님! 이대로 변호사님!

김딴지 변호사

오늘 우리는 피고 카이사르가 로마의 법을 어기면서 무장한 채 루비콘 강을 건넌 사실을 특히 강조했습니다. 무기를 지닌 채 군대를 이끌고 로마의 관문인 루비콘 강을 건넜다는 것은 나라를 뒤집어 엎겠다는 것과 다르지 않거든요. 그 무기와 군대로 누굴 치려고 했겠습니까? 원로원 귀족 아니겠습니까? 그러니 카이사르의 독재욕이 견제를 받고 결국 그가 암살당한 것도 어찌 보면 카이사르 스스로 초래한 것이라 볼 수 있습니다. 폼페이우스와 카토가 증인으로 나와 이를 더욱 잘 뒷받침해 주었지요.

이대로 변호사

　　로마 공화정의 몰락은 이미 예견된 일이었
습니다. 원고 브루투스의 암살을 합리화하지 마
세요. 카이사르가 아니어도 로마는 이제 서서히 황제
의 등장을 맞이할 준비를 하고 있었습니다. 이번 재판에서 안토니우스
와 클레오파트라를 증인으로 모신 게 참 다행이다 싶더군요. 두 분은
카이사르가 죽은 뒤 옥타비아누스가 권력을 쟁취해 로마의 초대 황제
로 올라서는 과정을 그 누구보다도 생생하게 증언해 주었습니다. 원고
측이 아무리 박박 우겨도 역사의 거대한 물줄기는 거스를 수 없는 법
이랍니다, 에헴!

카이사르와 브루투스가 담긴 작품

로마 공화정 말기의 정치가 카이사르와 브루투스. 서로 엇갈리고 엇갈렸던 두 인물의 모습을 작품 속에서 한번 찾아볼까요?

카이사르 동상

나폴리 국립 고고학 박물관에 있는 동상으로, 로마 공화정 말기의 정치가이자 장군이었던 율리우스 카이사르의 모습을 표현한 것이에요. 넓은 이마와 눈가의 주름, 구불거리는 머릿결을 섬세하게 표현한 작품이지요. 고집스레 입을 다문 모습에서 카이사르의 성격을 짐작할 수 있기도 합니다.

브루투스의 동상

기원전 85년에 태어나서 기원전 42년에 눈을 감은 브루투스의 모습을 표현한 동상이에요. 카이사르가 왕이 되고자 한다고 의심하였던 브루투스는 결국 그를 암살하고 안토니우스, 옥타비아누스 군과 싸우다 패합니다. 브루투스의 최후는 스스로 목숨을 끊는 것으로 끝이 나지요. 사진 속 동상은 젊은 브루투스의 모습을 담고 있어요.

카이사르 앞의 클레오파트라

프랑스의 화가인 장 레옹 제롬은 카이사르와 클레오파트라의 만남을 극적으로 그렸어요. 당시 클레오파트라는 카이사르를 만나기 위해 진상품인 것처럼 카펫 속에 숨어 있었지요. 커다란 카이사르의 집무실에서 이집트 병사는 카펫을 잡고 있고, 클레오파트라는 이집트 전통 의상을 입고 있어 당시의 상황을 짐작할 수 있게 해 줍니다.

카이사르의 암살자

독일 화가인 카를 테오도르 폰 필로튀가 1865년 완성한 그림이에요. 카이사르가 원로원에서 죽음에 직면한 당시 상황을 표현하였지요. 당시 카이사르는 23번 칼에 찔린 것으로 보이며 많은 귀족들에게 둘러싸인 것으로 짐작되지요.

암살, 그 이후

1. 옥타비아누스는 어떻게 로마의 첫 황제가 되었을까?

2. 황제의 등장은 과연 옳았을까?

1

옥타비아누스는 어떻게 로마의 첫 황제가 되었을까?

드디어 브루투스 대 카이사르의 마지막 재판이 열리는 날이 밝아 왔다. 쟁쟁한 로마 역사 속 인물이 등장하며 치열한 공방을 펼치자 재판은 날로 열기가 뜨거워졌다. 사람들은 이 보기 드문 광경을 지켜보기 위해 입소문을 듣고 법정 앞으로 계속 몰려들었다.

"지난 재판에서 카토의 증언을 들었는데, 그의 공화제에 대한 열정과 명예로운 자결은 정말 인상적이었어."

"그러게. 로마 공화정은 당시 시대정신에 맞게 새로운 모습으로 탈바꿈했어야 했는데, 아쉽게도 옥타비아누스가 권력을 장악하면서 제정으로 넘어가게 되었지."

"난 클레오파트라를 직접 본 걸 잊을 수가 없어! 사인이라도 받아 놨으면 좋았을 텐데, 아까워라!"

120   왜 카이사르는 루비콘 강을 건넜을까?

이때 재판을 알리는 소리가 법정 안에 울려 퍼졌다.

판사 지금부터 카이사르 대 브루투스 사건의 마지막 재판을 시작하겠습니다. 오늘은 피고 카이사르와 옥타비아누스에 의해 로마가 공화정에서 제정으로 바뀐 것에 대한 역사적 평가를 중심으로 살펴보겠습니다.

이대로 변호사 재판장님. 지난 재판에서 클레오파트라가 나와, 피고 카이사르가 죽은 뒤 옥타비아누스가 안토니우스를 물리치고 로마의 권력을 손에 쥐는 과정을 증언해 주었습니다. 이를 이어, 당시의 주인공인 옥타비아누스를 증인으로 불러 그가 황제가 되던 과정을 생생히 들어보고자 합니다.

"앗, 이번엔 로마 제국의 첫 황제였던 옥타비아누스가 나온다고?"
"그러게 말이야! 이곳 세계사법정은 그야말로 별들의 전쟁이군!"
쟁쟁한 인물들의 잇따른 등장에 방청석의 반응은 매우 뜨거웠다.

판사 네, 받아들입니다.

순간, 방청석에 앉아 있던 옥타비아누스가 기다렸다는 듯이 일어나 증인석으로 걸어 나왔다. 옥타비아누스의 증인 선서가 끝나자 이윽고 이대로 변호사의 증인 신문이 시작되었다.

부귀영화
부와 명예를 가져 세상의 영광
을 누린다는 의미입니다.

명실상부
이름과 실제 상황이 꼭 들어맞
는다는 뜻이지요.

이대로 변호사　이미 많이 알려져 있지만 증인은 카이사르가 암살당하고 공화정이 무너진 뒤, 로마 제정의 문을 열었던 분입니다. 증인은 어떤 방법으로 로마의 최고 권력을 손에 쥐었나요?

옥타비아누스　사람들은 내가 로마의 초대 황제로서 평생 최고의 부귀영화만 누렸다고 생각할지도 모르겠습니다. 하지만 사실 나는 카이사르처럼 불행한 최후를 맞지 않으려고 무척이나 머리를 썼습니다.

이대로 변호사　그 특별한 방법을 말씀해 주시지요.

옥타비아누스　먼저 나는 '악티움 해전'에서 승리하며 안토니우스를 제거했습니다. 이 내용은 지난 재판에서 클레오파트라가 잘 설명해 주더군요. 그래서 사실상 로마에서는 감히 나를 넘볼 자가 없게 되었습니다. 그때부터 나는 이미 명실상부한 로마의 황제나 마찬가지였지요. 하지만 나는 최고의 권력이 카이사르를 죽음으로 내몬 것을 똑똑히 목격했습니다. 그렇기 때문에 이 권력을 유지하면서, 동시에 원로원 귀족의 견제를 받지 않기 위해 노력했지요.

이대로 변호사　구체적으로 어떤 대책을 마련하셨나요?

옥타비아누스　기원전 27년에 로마에 평화가 찾아오자, 나는 내가 가지고 있는 모든 권력을 원로원과 로마 시민에게 돌려줄 것을 선언했습니다. 원로원은 로마가 이제 다시 공화정으로 되돌아갈 수 있겠다며 좋아했지요. 그래서 나의 결정에 열광적인 환호를 보냈고 '아우구스투스(Augustus)'라는 칭호를 바쳤습니다. '존엄한 자'라는 뜻이랍니다.

이대로 변호사   증인은 정말 영리하게 처신하셨군요.

옥타비아누스   그런가요? 항상 카이사르의 최후를 거울로 삼았기 때문인가 봅니다. 나는 법을 지키며 오랜 시간에 걸쳐 치밀하게 국가 권력을 내 손안에 넣기 시작했지요. 원로원이 눈치 채지 못하도록 말입니다. 혹시라도 독재자의 인상을 풍길까 항상 몸을 낮추고 조심했지요. 그 노력 덕분인지 원로원이 이번에는 '프린켑스(princeps)'라는 칭호를 바쳤습니다.

이대로 변호사   프린켑스라면 '제1시민'이라는 뜻이 아닙니까?

옥타비아누스   그렇습니다. 이 말은 즉, 내 위에는 더 이상 아무도 없다는 걸 의미했지요. 로마 시민을 대표한다는 뜻이기도 했고요. 그래서 내 이름은 로마 시민 명부의 제일 첫 번째 줄에 올랐답니다. 하하. 그뿐만이 아니었지요. 그 다음에 로마 병사들은 나를 '임페라토르(imperator)'라고 부르기 시작했습니다. 임페라토르는 예로부터 로마 병사들이 승전한 장군을 칭송하기 위해 부르던 칭호였습니다. 위 세 가지는 통치 권력과 아무 관련 없는 명예로운 호칭일 따름이었지만, 그것들이 가지고 있는 권위는 누구도 넘볼 수 없는 것이었답니다. 흠흠.

이대로 변호사   아, 그랬군요. 그런데 그렇다고 호칭만으로는 증인이 원수정을 수립했다고 할 수 없을 텐데요?

옥타비아누스   하하하. 이대로 변호사는 역시 예리하군요! 맞습니다. 원수정은 아무나 하는 것이 아니거든요. 위의 호칭과 함께 원로

원은 내게 로마가 정치적으로 안정될 때까지 로마 속주를 지키는 일을 해달라고 했고 나는 이를 받아들였습니다.

이대로 변호사 로마 속주라면, 이탈리아 반도 바깥에 있는 로마의 영토 아닙니까? 증인은 당시 로마에서 최고의 권력을 누리고 있었는데 발걸음이 떨어지던가요?

옥타비아누스 뭐든지 머리를 써야지요, 머리를! 원래 로마 속주를 지키는 건 원로원의 권한이었는데 그때 나는 속주를 둘로 나눴습니다. 풍요롭고 통치하기도 쉬운 속주를 원로원 속주로 정해서 원로원

의원들이 총독으로 나갈 수 있게 했지요. 그리고 적과 마주보고 있어 매우 고생스럽고 별다른 보답도 기대할 수 없는 속주를 내가 맡기로 했답니다.

이대로 변호사　　아니, 도대체 왜 그러신 거죠? 증인의 계산을 따라잡을 수가 없군요!

옥타비아누스　　대신 그때 나는 한 가지 조건을 달았습니다. 그것은 바로 로마 군단의 지휘권이었지요. 내가 맡기로 했던 로마의 변두리와 같은 곳을 다스리려면 군대 지휘권이 꼭 있어야만 한다고 우겼답니다. 결국 원로원은 나에게 로마 군대의 최고 사령관이라는 지위를 주었어요. 따라서 나는 로마 군단을 모두 지휘하며 각 군단 사령관의 인사권도 손에 쥐게 되었답니다. 쉽게 말해 내 말 한 마디면 장군의 목이 떨어졌다, 붙었다 했던 셈이지요.

이대로 변호사　　와! 카이사르도 종신 독재관이 되어서야 쟁취한 로마군의 지휘권을 증인은 아주 손쉽게 합법적으로 손안에 넣으셨군요?

옥타비아누스　　뭐, 그렇다고 볼 수 있습니다. 군사권을 잡은 뒤, 나는 마지막으로 정치 권력을 쥐기 위해 움직였습니다. 마흔 살이 되었을 때 나는 집정관을 그만두고, 앞으로는 평민회에서 집정관을 뽑자고 주장했습니다. 로마 공화정 원래의 모습으로 되돌린다고 선언한 것이죠. 원로원은 나를 공화정의 수호자라고 극찬을 했지만, 나의 선언에는 또 한 가지 조건이 따랐습니다. 그것은 '호민관 특권'을 달라는 것이었지요.

이대로 변호사　　호민관 특권이 뭐죠?

안토니우스(왼쪽)와 옥타비아누스(오른쪽) 주화. 기원전 41년, 제2차 삼두정치를 기념하며 발행된 로마의 화폐입니다. 동전에는 '공화정을 위한 세 사람 중 한 명'이라고 적혀 있지요.

옥타비아누스 '호민관'은 평민의 권리를 보호하기 위해 생겨난 공직인데, 원로원이나 집정관의 결정도 백지로 돌릴 수 있는 거부권을 갖고 있었어요. 게다가 평민회의 호민관이 어떤 법을 제안했는데 그게 합당하다는 결론이 나면, 원로원이나 집정관의 동의가 없어도 그 법을 시행할 수 있었습니다. 그렇게 획득하게 된 호민관 특권을 나는 죽을 때까지 누리게 되었지요.

이대로 변호사 ▶아! 그래서 로마군 최고 사령관과 호민관 특권을 가진 증인이 명실상부하게 로마의 초대 황제가 된 셈이었군요?

옥타비아누스 그렇습니다. 그래서 이후의 내 뒤를 이은 황제들은 '임페라토르이며 호민관 특권을 보유한 카이사르 아우구스투스 (Imperator Caesar Augustus Tribunicia Potestas)'라는 긴 칭호 다음에 자신의 이름을 붙여 공식 명칭으로 삼았지요. 이름도 과정도 모두 복잡하지요? 하지만 원로원이나 로마 시민의 반발을 사지 않고 권력을 장악하기 위해 필요한 조치였다고 할 수 있답니다.

이대로 변호사 음. 역시 천재적 정치가의 행보였군요. 그런데 그렇게 복잡한 순서를 밟아야 했던 것은 아무래도 카이사르 때문이었겠죠?

옥타비아누스 그렇지요. 나도 카이사르처럼 암살당할 수는 없었지요. 그것이 카이사르와 나의 차이라고나 할까?

이대로 변호사 네, 질문에 응해 주셔서 감사합니다. 지금

교과서에는

▶ 황제가 다스리는 제정이 시작되면서 로마는 제국으로 불리기 시작합니다.

까지 옥타비아누스를 증인으로 모시고 그가 어떻게 로마의 초대 황제가 될 수 있었는지 직접 들어보았습니다. 이상입니다.

판사 이러한 과정을 통해 황제가 등장하게 된 것이었군요. 증인, 수고하셨습니다. 덕분에 로마가 공화정 체제에서 제정으로 바뀌는 과정을 잘 살펴볼 수 있었습니다. 그러면 이제 이것이 과연 옳았는지에 대해 짚어봐야 하겠습니다. 양측 변호인께서는 이 쟁점과 관련한 변론을 준비해 주시기 바랍니다.

　　옥타비아누스가 퇴장하자 재판정은 다시 소란해지기 시작했다. 재판 막바지의 주도권을 잡기 위해 김딴지 변호사와 이대로 변호사는 서로 질세라 준비해 온 자료를 뒤적이기 시작했다.

2

황제의 등장은
과연 옳았을까?

김딴지 변호사 앞서 살펴보았듯이 로마는 여러 사람이 나라를 다스리는 공화정에서 결국 황제가 다스리는 나라, 제정 체제로 바뀌었습니다. 그런데 황제의 등장이 과연 로마의 번영과 안정을 가져다주었을까요? 또, 당시 로마 공화정은 폐지되어야 할 만큼 수명이 다 한 체제였을까요? 이에 대한 해답을 얻기 위해 로마 공화정의 수호자 키케로를 증인으로 신청합니다.

판사 네, 증인은 앞으로 나와 선서한 후 증인석에 앉아 주시기 바랍니다.

방청석에 앉아 있던 키케로가 근엄한 표정으로 하얀 **토가**를 휘날리며 법정 앞으로 걸어 나왔다. 증인선서를 마친 후 키케로가 증인석에 앉자 김딴지 변호사의 증인신문이 시작되었다.

토가

어원은 덮는다는 뜻의 라틴어 테고(tego)입니다. 귀족과 자유 시민의 영광 그리고 로마 제국의 권위를 상징했습니다. 레몬 모양의 천을 반으로 접어 한쪽 어깨에서 반대쪽 허리로 비스듬히 착용했지요.

김딴지 변호사   증인은 피고 카이사르의 독재에 반대하다 로마 정치계에서 쫓겨났고, 카이사르가 암살된 뒤에는 안토니우스의 원한을 사게 되어 안토니우스의 부하에게 암살되었습니다. 맞습니까?

키케로   네. 나는 공화정의 근간을 뒤흔드는 탐욕자들에 의해 죽음을 맞이했지만 죽기 전까지 로마 공화정을 지키기 위해 헌신했던 내 삶을 늘 자랑스럽게 생각하고 있습니다.

김딴지 변호사   그렇다면 증인이 생각하는 최선의 국가 체제는 무엇입니까?

키케로   나는 공화정이야말로 지상에서 최선의 국가 형태라고 생각합니다. 공화정은 한 사람이 아닌 여러 사람이 나라를 다스리는 체제니까요. 황제 한 사람에게 모든 권력을 다 넘겨주면 나라가 잘 돌아가겠습니까? 안 그렇소?

김딴지 변호사   동감입니다. 하하.

키케로   그리고 나는 국가란 국민이 자기 재산을 지키기 위하여 만들었다고 생각합니다. 그래서 비교적 많은 재산을 갖고 있는 원로원 귀족이 나랏일을 하게 하자고 주장했던 것입니다. 원로원 의원에게 최대한의 자유를 주자는 입장이었지요. 그러나 아쉽게도 이러한 공화정 체제는 포에니 전쟁의 승리 이후 점점 흔들리게 되었고, 황제 같은 권력을 지녔던 카이사르의 시대에 와서 결국 종말을 고하게 된 것입니다.

김딴지 변호사와 브루투스가 흐뭇하게 고개를 끄덕였다. 그런데 이때 이대로 변호사가 자리에서 일어났다.

이대로 변호사　제가 증인께 몇 가지 질문해도 되겠습니까? 증인은 로마 공화정이 원로원 중심으로 되어야 한다고 했는데, 그럼 로마 평민회에 대해서는 어떻게 생각하십니까?

키케로　변호사 양반, 정치는 아무나 하는 것이 아닙니다. 로마 원로원은 공화정 초기부터 지속적으로 평민권의 신장을 위해 노력했지만, 평민회에게 큰 역할을 기대하는 건 무리가 있습니다. 왜냐하면 고대 아테네의 경우처럼 무제한의 정치적 자유를 민중에게 준다면 결국 나라가 망한다는 사실을 우리는 역사를 통해 배웠으니까요.

이대로 변호사　아니, 그럼 증인은 평민의 정치 참여를 반대하는 겁니까? 증인이 생각하는 공화정의 이상이 이런 건가요?

키케로　허허, 너무 몰아세우지 마십시오. 난 로마 평민회를 낮추어 평가할 생각은 없습니다. 다만, 로마 시민의 대부분을 이루고 있는 가난한 평민에게는 그들이 나랏일에 참여하고 있다는 인상만 주어도 충분하다는 것이지요. 그들이 정치적으로 따돌림 당하지 않는다고 느낄 만큼의 최소한의 정치적 권리를 주면 되는 것 아닙니까? 이를테면 민주적 절차와 제도 같은 것을 통해 말입니다. 정치는 원로원에 속한 귀족 출신이면서 높은 수준의 교육을 받은 부유한 엘

　왜 카이사르는 루비콘 강을 건넜을까?

리트의 몫입니다. 이대로 변호사가 지금 그렇게 열 올리며 변론하고 있는 피고 카이사르만 봐도 그렇죠. 그가 아무리 민중파의 우두머리였다 해도 그 역시 로마의 유서 깊은 율리우스 가문 출신의 귀족이 아니었습니까?

이대로 변호사　흠, 글쎄요? 증인의 말을 들으니 당시 로마 귀족들의 콧대가 얼마나 높았는지 감이 오는군요! 존경하는 재판장님, 그리고 배심원 여러분! 오늘 우리는 원고 측 증인으로 출석한 키케로가 얼마나 철저하게 귀족의 이익을 대변하는 공화주의자인지를 똑똑히 알 수 있었습니다. 이상입니다.

판사　잘 들었습니다. 증인은 나가셔도 좋습니다. 원고 측 변호인, 더 하실 말씀 있습니까?

김딴지 변호사　네, 재판장님. 우리는 원고 브루투스가 왜 카이사르를 암살하면서까지 공화정을 지키려 했는지 헤아려 보아야 합니다. 물론 옥타비아누스가 첫 황제가 된 뒤, 로마를 평화롭게 다스린 훌륭한 황제들도 있었습니다. 5현제 시대라고 불리는 전성기도 있었으니까요. 하지만 이런 행운이 항상 있는 것은 아닙니다. 네로, 칼리굴라, 코모두스처럼 무능하고 광기어린 인물이 황제가 되었을 땐 로마에 재앙이 닥쳤지요. 공화제는 유능한 황제의 통치에 견줄 만큼 효율적이고 신속한 정책을 펼칠 수 있는 체제는 아니지만, 무능한 황제의 통치보다는 탁월한 정치체제인 것입니다. 그 점은 모두들 동의하시리라 믿습니다.

이대로 변호사　음, 그 점은 저도 공감이 가는군요. 단, 여기에서 확

5현제 시대
5현제란 다섯 명의 지혜로운 황제라는 뜻으로, 이들이 로마 제국을 잘 다스렸던 시기를 말합니다. 96년부터 180년까지 네르바, 트리야누스, 하드리아누스, 피우스, 아우렐리우스 황제를 가리키지요. 이들은 전임 황제의 양자로, 뛰어난 정치적 역량을 가진 사람들이었습니다.

실히 밝혀 둘 점은 카이사르가 로마를 자신의 사유물로 여기지 않았다는 사실입니다. 카이사르는 확대된 로마의 영토와 신민을 다스리기에 가장 좋은 방식이 무엇일까 항상 고민했고, 그 해답을 통치의 효율성에서 찾았을 뿐입니다.

김딴지 변호사   지금 카이사르의 독재 정치를 그럴 듯하게 포장하려는 겁니까?

이대로 변호사   카이사르는 권력 다툼에서 승리한 뒤에도 혼자 왕노릇 하듯 행동하지 않았습니다! 자신에게 칼을 겨눈 적에게조차 정

왜 카이사르는 루비콘 강을 건넜을까?

치적 관용을 베풀었던 인물이었습니다. 그는 내 편 네 편 가리지 않고, 하나로 단결된 로마의 탄생을 바랐습니다. 하지만 원고 브루투스의 배신으로 위대한 지도자 카이사르의 모든 꿈은 물거품이 되어 버렸지요. 암살자들의 칼에 찔려 쓰러지면서도 카이사르는 자신의 시신이 흉해 보이지 않도록 토가 자락으로 몸을 감쌌지요. 카이사르가 보여 준 관용과 신뢰를 저버린 사람은 바로 브루투스와 공화주의자들이었습니다! 사실 이 재판은 카이사르가 브루투스를 살인죄로 고발하는 형식을 취했어야 옳았다는 생각이 드는군요. 그렇지 않습니까, 김딴지 변호사?

김딴지 변호사　　아니, 적반하장도 유분수지……. 본 법정은 쿠데타를 일으켜 로마를 혼란에 빠뜨린 카이사르의 죄를 묻고 있는데, 그게 무슨 소리요? 존경하는 재판장님! 지금 피고 측 변호인은 본 사건과 관련없는 말을 늘어놓으며 배심원단의 판단을 흐리게 하고 있습니다.

이대로 변호사　　재판장님! 원고 측 변호인은 계속해서 카이사르를 공화정의 파괴자라고 주장하고 있는데, 카이사르에 대한 평가는 당시 로마가 처한 시대적 상황을 바탕으로 이루어져야 합니다. 카이사르는 절대로 공화국 로마를 파괴하려고 했던 사람이 아니었습니다. 카이사르는 단지 로마의 전통이라고 생각되고 있던 공화정 체제가 이미 시대에 맞지 않는다는 사실을 정확하게 꿰뚫어보고 있었으니까요.

판사　　뭐가 시대에 맞지 않았다는 것이죠?

이대로 변호사　　로마는 당시 수많은 정복 전쟁을 승리로 이끌며 이탈리아 반도 밖으로 세력을 뻗어나가고 있었습니다. 피고 카이사르는 바로 이 점을 놓치지 않았습니다. 그는 로마의 힘이 미치는 곳은 모두 로마라고 생각했습니다. 탁 트인 시야와 사고 방식을 갖고 있었던 겁니다. 그래서 카이사르는 로마를 둘러싼 성벽을 부수어 로마 제국의 기틀을 잡았습니다.

　　그 후로 로마는 3백 년에 걸쳐 성벽 없는 수도로 존재했고, 카이사르에 의한 '로마의 평화'가 시작된 것이죠. 로마를 위기에 빠뜨린 사람은 카이사르가 아니라, 로마의 보수적인 원로원입니다. 그들은 로마 중심주의를 벗어나지 못했거든요. 이 점을 유념해 주십시오.

판사　　네, 잘 알겠습니다. 양측 변호인들의 열띤 공방에 정신이 없군요. 이 정도면 원고와 피고가 왜 맞설 수밖에 없었는지, 그리고 로마에 어떻게 황제가 등장하게 되었는지 충분히 살펴본 것 같습니다. 잠시 뒤 원고와 피고의 최후 진술을 들어 보겠습니다. 두 분 준비해 주시지요. 최후 진술이 끝난 뒤 판결을 내리도록 하겠습니다.

로마의 평화, 팍스 로마나
(Pax Romana)

책이나 신문을 주의 깊게 살펴보면 '팍스 로마나(Pax Romana)' 혹은 '팍스 아메리카나(Pax Americana)'라는 표현을 종종 볼 수 있습니다. 팍스 로마나는 '로마의 평화'라는 뜻이에요. 그런데 이 표현이 왜 의미 있는 걸까요?

옥타비아누스가 첫 황제가 되면서 로마는 제국의 시대를 열었습니다. 이후 로마는 경제적으로 안정되어, 지중해를 호령하며 제국으로서의 큰 번영을 누리지요. 시기적으로 보았을 때 27년부터 180년까지를 가리킵니다. 군사적 충돌이 있기도 했지만 이때가 로마 역사상 유례없는 태평성대의 시기였습니다. 로마 제국은 넓은 영토를 호령하며 제국 안의 지역을 평화롭게 다스려, 해적이나 약탈군의 침략을 걱정할 필요가 없었습니다. 그 덕분에 상업도 크게 발전할 수 있었지요.

하지만 현대에 와서 사람들은 '팍스 로마나'라는 표현을 빌려 국제 관계를 풍자하기도 합니다. 어느 한 나라가 지나치게 힘이 커지면 다른 나라와 경쟁할 필요가 없기 때문에 상대적으로 주변 나라들이 잠잠해지는데요. 바로 강대국의 패권에 의한 평화를 풍자할 때 이 표현을 빌려 말합니다. '팍스 아메리카나(Pax Americana)', '팍스 브리타니카(Pax Britanica)' 등이 그 예입니다.

다알지 기자

시청자 여러분 안녕하십니까? 빛보다 빠르게 세계사법정의 소식을 속속들이 전해 드리는 법정 뉴스의 다알지 기자입니다. 오늘은 브루투스 대 카이사르의 마지막 재판이었습니다. 양측 변호인 모두 배심원단의 마음을 확실히 얻기 위해 열변을 토하는 모습이 매우 인상적이었습니다. 셋째 날인 오늘 재판에서는 카이사르가 죽은 뒤 옥타비아누스가 로마를 평정하고 황제로 올라서기 위해 서서히 기반을 다지던 모습이 무엇보다 기억에 남습니다. 이로써 로마는 지중해의 도시 국가가 아닌 제국의 시대를 열었는데요, 이것이 과연 옳았느냐에 대해 말들이 참 많았습니다. 두 분 변호인께 재판에서 못 다한 말들이 있는지 여쭤보겠습니다.

김딴지 변호사

마지막 재판을 끝내니 아쉬움이 많이 남습니다. 그동안 원고 브루투스를 위해 열심히 변론하긴 했지만 카이사르라는 역사적 거물을 상대하려니 사실 많이 힘이 들긴 했지요. 하지만 로마의 위대한 공화주의자 키케로의 증언으로 많은 힘을 얻었다고 생각합니다. 원고 브루투스가 카이사르를 제거하면서까지 로마 공화정을 지키려고 했지만 옥타비아누스가 결국 황제로 올라선 것은 참으로 유감입니다. 하지만 이후의 네로, 칼리굴라 같은 극악무도한 황제들을 보십시오! 훌륭한 교육을 받은 원로원이 이끄는 공화정이 훨씬 낫지 않습니까? 이 정도면 무능한 한 사람의 독재자가 나라를 얼마나 위험하게 할 수 있는지 충분히 알렸다고 생각합니다. 원고 브루투스의 재판 승리가 눈앞에 보이는군요.

이대로 변호사

　　오늘 마지막 재판에서는 옥타비아누스가 로마의 혼란을 수습하고 황제가 되는 과정을 다루었는데요. 옥타비아누스가 카이사르의 비극을 따라가지 않기 위해 영리하게 머리를 쓰며 합법적으로 황제가 되던 모습이 참으로 놀라웠습니다. 과연 로마 제국의 초대 황제가 될 만하지요. 이후 약 2백 년간 로마 제국이 그 어느 때보다도 우월함을 뽐내며 역사상 최고의 전성기를 누렸으니, 답답하고 보수적인 귀족들보다 나았던 셈이지요! 물론 자격이 떨어지는 황제도 있었습니다만 5현제 시대도 있었으니, 공화정이 무너지고 제정으로 바뀐 것을 무조건 비난할 필요는 없지 않습니까? 더군다나 피고 카이사르 한 사람의 책임은 더더욱 아니지요.

독재자 카이사르는 로마 공화정의
적이었어요!
VS
공화정 체제로는 더 이상
새로운 시대를 이끌 수 없었소!

판사　자, 그럼 마지막으로 원고 브루투스와 피고 카이사르에게 마지막 발언의 기회를 드리겠습니다.

브루투스　존경하는 재판장님, 그리고 배심원 여러분! 저는 기원전 509년, 에트루리아의 왕을 몰아내고 로마 공화정을 확립한 위대한 루키우스 유니우스 브루투스의 자손임을 늘 자랑스럽게 생각했습니다. 그리고 로마 공화국은 원로원의 탁월한 지도력과, 평범한 로마 시민의 공공에 대한 책임과 의무를 기초로 발전할 수 있었습니다. 로마 공화정은 결코 하루아침에 이루어진 것이 아니었습니다. 거기에는 전체 로마 시민의 피와 땀과 눈물이 녹아들어 있는 것입니다.

　나는 원로원 의원들과 함께 기원전 44년 공화국의 적 카이사르를 암살했습니다. 그것은 오로지 로마 공화정을 카이사르의 독재로부터 지켜내기 위해서였습니다. 로마는 결코 카이사르 한 사람의 독점물이 아니라 공화국을 구성하는 전체 시민의 것이기 때문입니다. 그런데 카이사르는 스스로 독재관, 그것도 종신 독재관에 취임하면서, 빛나는 역사와 전통을 자랑하는 로마 공화국의 이상을 여지없이 무너뜨리고 스스로 왕이 되려고 했습니다. 역사가 아무리 승자의 기록이라고 하지만 카이사르를 암살한 것은 공화국 로마를 지키기 위해 내가 할 수 있었던 최선의 선택이었다고 확신합니다. 이상입니다.

카이사르　　우선 그동안 성원을 보내준 지지자 여러분께 감사의 마음을 전하겠소. 나 역시 로마 공화국이 귀족과 평민이 함께 힘을 합쳐 발전해 왔다고 생각하오. 하지만 유감스럽게도 그것은 포에니 전쟁까지였소. 로마 공화정은 사실 유력한 몇몇 귀족 가문이 주도하는 체제였지. 그들은 자신의 이익만 생각하고 그동안 함께 헌신했던 평민의 생활에는 더 이상 관심을 두지 않았소. 정책 하나를 결정할 때도 회의만 실컷 했지, 제대로 된 결정은 하나도 내리지 못했던 적이 또 얼마나 많았소? 결국 원로원이 주도하는 비효율적인 공화 체제로는 더 이상 새로운 시대를 이끌어 나갈 수 없었던 것이오.

　따라서 나는 스스로 종신 독재관이 되어 로마 정치의 틀을 바꾸려고 한 것이오. 그것은 나 자신의 부귀영화를 위해서가 아니라, 로마가 지배하는 세계에 속한 모든 이들의 평화와 번영을 위해서였소. 하지만 당시 로마 원로원은 나의 이러한 원대한 포부를 이해하지 못했소. 오히려 로마 시민의 지지를 얻으며 나날이 커가는 나의 힘을 두려워했지. 그래서 나는 결국 브루투스 일파에 의해 암살당했던 것

이오. 그러나 이제와 브루투스를 원망하고 싶지는 않구려. 옥타비아
누스가 나의 뜻을 받들어 로마의 정치 체제를 훌륭하게 바꾸어 놓았
으니까. 비록 이후에 지도자로서의 자질이 부족한 황제가 나타나기
도 했지만, 로마 제국이 5백 년이나 지속되었다는 점에서 나의 판단
은 틀리지 않았다고 확신하오. 이상이오.

판사　네, 지금까지 원고와 피고의 최후 진술을 모두 들었습니다.
세 차례에 걸친 재판 동안 여러분 모두 수고하셨습니다. 지금 이 법
정에는 보이지 않는 배심원이 있습니다. 바로 이 재판을 지켜보는
모든 분, 이 재판을 책으로 읽고 있는 독자 여러분 모두가 배심원입
니다. 원고와 피고, 그리고 관련자들의 진술을 충분히 들으셨으니,
이를 잘 참고하여 나름의 판단을 내려 보길 바랍니다. 곧이어 최종
판결을 내리겠습니다.

　땅, 땅, 땅!

역사공화국 세계사법정 재판 번호 13 브루투스 VS 카이사르

주문

역사공화국 세계사법정은 '브루투스 대 카이사르 사건'의 피고 카이사르에게 무죄를 선고한다.

판결 이유

카이사르는 원로원의 명령을 무시하고 무장한 채 루비콘 강을 건너 로마로 진군했으며, 내전을 일으켜 수많은 인명을 희생시키고 공화국을 파괴했다는 혐의로 기소되었다. 카이사르가 내전을 일으킨 사실에 대해서 부정적인 평가가 있는 것은 사실이다.

그러나 포에니 전쟁 이후 로마가 정치적으로 혼란스러웠던 상황에서 카이사르 한 사람에게 이 모든 책임을 떠넘길 수는 없다. 로마 공화정 말기의 상황을 보건대, 내전의 책임은 카이사르와 원로원 모두에게 있다는 것이 본 배심원단과 법정의 판단이다. 즉, 카이사르에게만 역사적 책임을 물어 처벌한다는 것은 세계사법정의 법리에 어긋나는 것이다. 또한 본 재판부는 카이사르와 원로원이 극단적인 권력 투쟁을 멈추고 서로 타협하여 로마 공화정을 시대에 맞는 새롭고 효율적인 정치체제로 탈바꿈시켰어야 했다는 소수 의견도 있었음을 밝히는 바이다.

본 사건에 대한 판결은 즉시 효력을 발휘하며, 판결문은 세계사법정 홈페이지에 공시될 것이다. 또한 카이사르를 암살한 브루투스와 공화파 의원에 대한 기소가 있을 경우, 법정은 이번 사건과 동일한 법적 절차를 통해 재판이 진행될 수 있음을 주지하는 바이다.

역사공화국 세계사법정 담당 판사 정역사

"카이사르, 로마가 낳은 위대한 천재"

'브루투스 대 카이사르 사건'의 최종 판결이 나오자 방청객들은 각자 저마다 한마디씩 거들며 하나 둘 법정을 빠져 나갔다. 그런 방청객들 사이로 하얀 백발을 휘날리며 걸어 나오는 한 노신사가 있었으니 그의 이름은 바로 테오도르 몸젠!

19세기 독일의 역사가이자 로마사 연구의 권위자, 라이프찌히 대학, 베를린 대학의 교수, 독일 제국의 국회의원을 역임했으며, 제2회 노벨 문학상을 수상한 인물이었던 것이다.

몸젠은 두꺼운 안경 너머로 붉은 노을 저편으로 저물어 가는 태양을 바라보았다. 그리고는 천천히 발을 옮기며 생각했다.

"음. 이번 재판을 쭉 지켜보았는데, 카이사르의 최후 진술은 퍽 인상적이더군. 사실 카이사르만큼 로마사 뿐만 아니라 유럽사에 커다

란 영향을 끼친 인물도 드물지. 그는 로마의 정치 체제를 바꾸었으며, 갈리아 전쟁을 통해 유럽이 오늘날과 같이 발전할 수 있는 기틀을 만든 주인공이니까. 카이사르의 저술 『갈리아전기』, 『내전기』을 읽어 보면, 라틴 문학의 우두머리인 키케로가 왜 그렇게나 카이사르의 문학적 재능을 찬탄했는지도 알 수 있고……. 그리고 카이사르가 갈리아 전쟁과 내전에서 보여 준 군사적 역량은 또 어떠한가! 플루타르코스가 말한 대로 카이사르의 전쟁 수행 능력은 카이사르 이전 시대에 살았던 모든 로마인들을 능가했지. 그럼에도 그는 언제나 군

사적인 성공보다는 그것을 통한 정치적인 목표가 더 중요하다는 점을 깨닫고 있었어. 자신이 원하던 목표를 달성한 후에는 스스로 멈출 줄 아는 지혜와 자제력이 아마도 카이사르가 소유한 천재성의 핵심이었을 거야.

지금까지 카이사르를 완벽하게 묘사하려고 했던 시인, 작가, 역사가들은 모두 그것에 실패했어. 그들은 카이사르의 행동과 성격, 그리고 그가 남긴 작품에 숨어 있는 비밀스럽고 강력한 힘을 제대로 묘사하지 못했지. 나 역시 카이사르를 완전히 이해하고 있다고 말하기가 어렵고……. 카이사르가 위대한 천재로 평가받은 것은 그가 전쟁을 잘하고, 정치를 잘해서가 아니라, 바로 카이사르가 '로마 제국은 어떤 국가여야 하는가?'에 대한 해답을 제시한 인물이었기 때문이 아닐까? 상상력은 시(詩)의 어머니이기도 하지만 역사의 어머니이기도 하지. 후세의 사람들이 역사적 사실과 상상력을 발휘하여 로마 공화정의 역사와 인간 카이사르를 있는 그대로 재현해 주기를 바랄 수밖에……."

거리에는 어느새 땅거미가 지기 시작했고, 스산한 바람이 몸젠이 남긴 긴 그림자를 스쳐 지나갔다.

카이사르가 보이는 로마를 찾아서

카이사르는 오래 전 고대 로마에서, 아주 오래 전에 살았던 인물이에요. 하지만 그의 흔적은 지금도 찾아볼 수 있지요. 카이사르의 흔적을 로마에서 찾아볼까요?

지금의 로마는 이탈리아의 수도로 테베레 강 연안에 위치해 있어요. 고대 로마의 수도였으며 로마 가톨릭의 중심지였던 만큼 오랜 역사를 자랑하는 곳이랍니다. 전설에 따르면 고대 로마는 로물루스와 레무스 형제에 의해 건설되었다고 전해지지요. 이런 전설에 따라 로마 곳곳에서는 늑대의 젖을 먹는 로물루스와 레무스 형제의 동상을 찾아볼 수 있어요.

도시 전체가 하나의 역사책처럼 오랜 유적지와 의미 있는 장소들이 있는 로마. 특히 카이사르가 살던 시대인 고대 로마의 유적은 카피톨리노, 팔라티노, 카일리오, 아벤티노 등 7개 구릉지대에 집중되어 있답니다.

아피아 가도

고대 로마의 가장 중요한 도로로 기원전 312년에 만들기 시작한 길을 '아피아 가도'라고 불러요. 길은 돌로 포장되어 있지요. 고대 로마 당시 그리스나 이집트로 가려면 먼저 이 도로를 지나야만 했답니다. 때문에 길이 훼손되는 일도 많았지요. 카이사르 역시 로마의 중요한 도로인 이 길을 복구하는 일을 진행했어요. 지금도 일부 도로는 사용되고 있답니다.

키르쿠스 막시무스

이탈리아 팔라티노 언덕과 아벤티노 언덕 사이에 있는 광장이에요. 거대한 타원형으로 만들어졌으며 고대 로마 당시에는 전차 경기장으로 사용하였지요. 기원전 50년 경에 카이사르에 의해 재건되기도 하였답니다. 당시 카이사르는 이 경기장을 약 2만 7천명이 들어갈 수 있도록 만들었지요. 영화 〈벤허〉의 전차 경기 장면을 촬영한 곳이기도 해요.

찾아가기 이탈리아 테베레강 근처

아피아 가도의 정문인 포르타 산 세바스

키르쿠스 막시무스

『역사공화국 세계사법정 13 왜 카이사르는 루비콘 강을 건넜을까?』
와 관련한 논술 문제를 풀어 봅시다.

※ 다음 제시문을 읽고 물음에 답하시오.

(가) "주사위는 던져졌다!(Alea Iacta Est)"

　　－카이사르가 갈리아와 이탈리아의 국경인 루비콘 강을 건너
　　　로마를 향해 오며 한 말이에요. 원로원의 뜻을 거스르겠다는
　　　뜻을 밝힌 카이사르의 말로, '루비콘 강을 건넜다'는 것은 '다
　　　시 돌아올 수 없는 길'을 의미할 때 사용되지요.

(나) "왔노라, 보았노라, 이겼노라!(veni, vidi, vici)"

　　－기원전 47년 소아시아 젤라에서 미트리다테스 대왕의 아들 파
　　　르나케스를 격파하고 결과를 알리는 편지에 쓴 내용입니다.

(다) "브루투스 너마저?(Et tu, Brute?)"

　　－카이사르가 원로원 회의장에서 귀족들에게 둘러싸여 칼에
　　　찔려 숨졌어요. 이 말은 그 당시 했다고 전해지는 말입니다.
　　　하지만 셰익스피어의 비극 〈쥴리어스 시저〉의 대사 중 하나
　　　로 실제로 카이사르가 죽기 전에 했는지는 정확하지 않지요.

1. (가)~(다)는 카이사르가 한 말로 알려져 있습니다. (가)~(다)를 통해
   카이사르의 성향을 짐작하여 쓰세요.

※ 다음 제시문을 읽고 물음에 답하시오.

(가) **브루투스**   저는 카이사르를 그다지 사랑하지 않아서가 아니라
   로마를 훨씬 더 사랑하기 때문에 그를 죽였습니다. 카이사르가
   야심을 품고 있었던 까닭에 눈물을 머금고 그분을 죽일 수밖에
   없었습니다. 여러분! 카이사르가 살아 있는 상황에서 노예로 살
   기를 원하십니까? 아니면 카이사르가 죽고 나서 자유 시민으로
   살길 원하십니까? 제가 했던 행동은 바로 여러분을 대표해서 한
   것입니다!

(나) **안토니우스** 카이사르는 가난한 자들이 굶주림에 지쳐 우는 소리에 같이 울었습니다. 이런 모습이 야심에서 비롯된 것일까요? 로마제국의 왕관을 세 번이나 거절한 카이사르가 야심가였던 걸까요? 여러분 모두 카이사르를 무척 사랑했습니다. 그러한 사랑에는 반드시 이유가 있을 것입니다.

안토니우스

2. (가)와 (나)는 카이사르가 암살당하고 난 뒤에 있었던 브루투스와 안토니우스의 연설입니다. 브루투스는 암살을 주도한 쪽의 대표로, 안토니우스는 카이사르를 따랐던 지지 세력의 대표로 연설을 하였지요. (가)와 (나)를 읽고 내가 지지하는 쪽이 어디인지 그 이유와 함께 쓰세요.

왜 카이사르는 루비콘 강을 건넜을까?

해답 1 카이사르는 자신의 목숨이 걸린 중요한 문제를 결정할 때도 단호하게 '주사위는 던져졌다'는 말로 결단을 내렸어요. 뿐만 아니라 승전의 기쁨 앞에서도 '왔노라, 보았노라, 이겼노라'라는 짧은 세 마디만을 했지요. 성향이 단정하고 미사여구를 좋아하지 않는 것으로 짐작됩니다. 또한 죽기 전에 배신감에도 아주 간략하게 자신의 마음을 표현했지요. 단호하고 간결한 카이사르의 성격을 짐작해 볼 수 있어요.

해답 2 (가)는 암살을 주도한 브루투스의 연설로 카이사르를 죽인 것을 정당화하는 내용이에요. 반면 (나)는 카이사르를 지지한 안토니우스의 연설로 카이사르를 죽인 것을 비난하는 내용이지요. 나는 (나)의 의견을 보다 지지합니다. 그 이유는 정치가가 잘못하는 것을 주위에서 독단적으로 판단하여 단죄하는 것은 옳지 않다고 생각하기 때문입니다. 정당한 과정이나 절차를 거치지 않은 행동은 옳지 못합니다.

* 해답은 예시로 제시된 내용입니다.

역사공화국 세계사법정 13

왜 카이사르는 루비콘 강을 건넜을까?

ⓒ 박재영, 2010

초　판 1쇄 발행일　2010년 11월 19일
개정판 1쇄 발행일　2015년 2월 5일
　　　　4쇄 발행일　2021년 6월 18일

지은이　　박재영
그린이　　강승훈
펴낸이　　정은영

펴낸곳　　(주)자음과모음
출판등록　2001년 11월 28일 제2001-000259호
주소　　　04047 서울시 마포구 양화로6길 49
전화　　　편집부 (02) 324-2347　경영지원부 (02) 325-6047
팩스　　　편집부 (02) 324-2348　경영지원부 (02) 2648-1311
이메일　　jamoteen@jamobook.com

ISBN　978-89-544-2413-4 (44900)